LE PRIX MARCEL DUCHAMP 2018

LE PRIX MARCEL DUCHAMP 2018

MOHAMED BOUROUISSA
CLÉMENT COGITORE
THU-VAN TRAN
MARIE VOIGNIER

Centre Pompidou

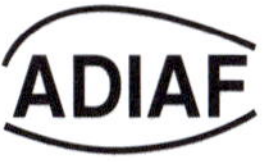

SilvanaEditoriale

Centre national d'art et de culture Georges Pompidou
Musée national d'art moderne / Centre de création industrielle

Couverture/*Cover* :
Marcel Duchamp, *Recette*, New York, 1918
encre sur photographie/*pen and ink on photograph*, 13,3 x 13,7 cm
The Louise and Walter Arensberg Collection, 1950,
Philadelphia Museum of Art

4e de couverture/*Back cover*
Marcel Duchamp, *Marcel Dechiravit*

Avec la participation conceptuelle et amicale de Mathieu Mercier
With the amiable and conceptual participation of Mathieu Mercier

COMITÉ DE SÉLECTION ADIAF/ADIAF SELECTION COMMITTEE
Sylvie Fontaine - Gilles Fuchs - Dorith Galuz - Thierry Gontier - Ronan Grossiat - Laurent Thierry - Marie-Ange Moulonguet - Bruno Ribeyron-Montmartin - Jean-Michel Vergès - Marie-Christine Gabillaud-Wolf - Akemi Shiraha

JURY INTERNATIONAL/INTERNATIONAL JURY
Bernard BLISTÈNE, Directeur du/*Director of the* Musée national d'art moderne, centre de création industrielle, Centre Pompidou, Paris
Gilles FUCHS, Collectionneur, Président de l'ADIAF/*Collector, President of the ADIAF*
Jean-Claude GANDUR, Collectionneur, Président de la Fondation Gandur pour l'art/*Collector, president of the Foundation Gandur for Art.*
Maja HOFFMANN, Collectionneuse, Présidente de la Luma Foundation/*Collector, President of the Luma Foundation*
Laurent LE BON, Président du musée Picasso-Paris, *President of the Picasso-Paris museum*
Marina LOSHAK, Directrice du musée des beaux-arts Pouchkine, Moscou/*Director of the Pushkin museum of fine arts, Moscow*
Akemi SHIRAHA, Représentante de l'Association Marcel Duchamp/ *representing the Marcel Duchamp association*

RAPPORTEURS/REPORTERS
Katerina GREGOS [Thu-Van TRAN], Historienne de l'art, écrivaine, commissaire d'expositions/ *Art historian, writer, exhibitions curator*
Géraldine GOURBE [Marie VOIGNIER], Philosophe, critique d'art, commissaire d'expositions/*Philosopher, art critic, exhibitions curator*
Carlos BASUALDO [Mohamed BOUROUISSA], Curateur en chef de la collection d'art contemporain Keith L. and Katherine Sachs, Philadelphia Museum of Art /*The Keith L. and Katherine Sachs Senior Curator of Contemporary, Philadelphia Museum of Art.*
Jean-Charles VERGNE [Clément COGITORE] Directeur du FRAC-Auvergne, commissaire d'expositions/*Director of FRAC-Auvergne, exhibitions curator*

L'ADIAF [Association pour la diffusion internationale de l'art français], animée par des collectionneurs privés, soutenue par des sociétés françaises ou installées en France, s'est constituée pour aider les artistes français ou résidant en France.

The ADIAF (Association for the International Diffusion of French Art) is run by private collectors and supported by companies originating from or based in France. It has been formed to help French artists and artists living and working in this country.

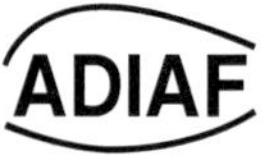

Association pour la Diffusion Internationale de l'Art Français
23, quai Voltaire 75007 Paris – T/F : 33 [0]1 42 96 24 00
E : adiaf@adiaf.com – Site Internet : www.adiaf.com

Sommaire / Contents

PRÉFACE

Gilles Fuchs

Président de l'Association pour la diffusion internationale de l'art français
President of the Association for the International Diffusion of French Art

Depuis sa création, l'ADIAF s'est donnée comme mission première de mettre en lumière la scène française de ce début du XXIe siècle à travers l'œil des collectionneurs et le regard passionné d'amateurs-éclairés. S'engager pour le rayonnement international de la scène française, encourager les artistes, confronter les différentes formes artistiques, installation, vidéo, peinture, photographie, sculpture... Montrer des œuvres qui bousculent nos certitudes et aident à décrypter le monde d'aujourd'hui et de demain. Telle est la démarche de notre association avec le Prix Marcel Duchamp que nous avons créé en 2000.

Dès le départ, cette action a été menée en lien étroit avec le Centre Pompidou, partenaire de notre prix depuis l'origine qui, chaque année, nous offre une vitrine exceptionnelle au sein d'une des plus grandes institutions muséales au monde. Je veux exprimer ici toute ma reconnaissance à Serge Lasvignes, président du Centre Pompidou, et à Bernard Blistène, directeur du Musée national d'art moderne, qui apportent un soutien indéfectible à notre prix. Ce lien s'est encore renforcé grâce à la coopération existant chaque année entre les conservateurs du Centre Pompidou et les membres de l'ADIAF : visites d'atelier, rencontres avec les artistes, décryptage des tendances, confrontation des points de vue entre amateurs et professionnels...

Le rôle éminent des collectionneurs, dont l'engagement et les connaissances sont exceptionnels, est ainsi reconnu. Il est unique dans le monde l'art et leur permet de participer activement à façonner la scène française contemporaine.

Ce travail collectif illustre bien le phénomène décrit dans *La Longue Traîne* d'Anderson qui montre combien le rôle des « amateurs-éclairés » uni avec celui des professionnels est essentiel dans la recherche et la découverte de nouvelles tendances ou créations.

Introduction

Since its creation, the ADIAF's mission has been to highlight the early twenty-first century French art scene through the eye of collectors and the impassioned vision of enlightened amateurs. They are committed to promoting the French art scene on an international level, encouraging artists, confronting different artistic forms, installation, video, painting, photography, sculpture... Showing works that make us stop and think and help us to understand both the world we live in today and the world of tomorrow. This was the association's mission when it created the Marcel Duchamp prize in 2000.

From the outset, our work has been carried out in close relationship with the Centre Pompidou. They have been associated with our prize since its creation and every year they provide an outstanding showcase at the heart of one of the greatest cultural institutions in the world. I would like to express my deepest gratitude here to Serge Lasvignes, president of the Centre Pompidou and Bernard Blistène, director of the National Museum of Modern Art who give their unfailing support to the Duchamp Prize. This relationship is reinforced further thanks to the ongoing cooperation between curators from the Centre Pompidou and the members of the ADIAF: studio visits, meetings with the artists, trend forecasts, comparing viewpoints between amateurs and professionals ...

The eminent role played by collectors who have outstanding commitment and knowledge, is then extremely valuable. It is completely unique in the art world and allows them to actively take part in shaping the contemporary French art scene.

The teamwork involved nicely illustrates the phenomenon described in *The Long Tail* by Anderson which shows to what extent the role of "enlightened-amateurs", together with the role of professionals, is essential in discovering new trends or creations.

It would appear that our common objective has today been achieved: more than 70 artists and 17 prize-winners have been distinguished since the prize was created. The ADIAF have organised 50 exhibitions focusing on artists taking part in the Marcel

Il semble que notre objectif commun prenne aujourd'hui corps : plus de 70 artistes et 17 lauréats ont été distingués depuis la création du prix, 50 expositions ont été organisées par l'ADIAF autour des artistes du Prix Marcel Duchamp offrant une belle visibilité à la scène française tant en France qu'à l'étranger avec leurs quelque 500 000 visiteurs pour la seule année 2017 !

Je tiens à remercier à cet égard l'Institut français et son réseau international pour le concours apporté à nos expositions de plus en plus nombreuses à travers le monde. Je pense en particulier aux expositions organisées en Chine à Pékin ou à Londres à la Whitechapel Gallery... Mais au-delà de ces manifestations, de nombreux signes montrent l'importante croissance de la scène française : les artistes de notre prix sont maintenant représentés par de nombreuses galeries étrangères, participent à de multiples expositions internationales et sont récompensés par de grands prix dans le monde entier.

Un grand merci aux mécènes qui nous accompagnent avec une générosité admirable et nous apportent non seulement un soutien financier essentiel, mais également leur propre expertise. Qu'il s'agisse de nos amis fidèles d'Artcurial, d'Inlex IP Expertise, du Comité professionnel des galeries d'art et de la Fondation d'entreprise Hermès. Comme des nouveaux mécènes qui se sont engagés plus récemment à nos côtés pour défendre la scène française : l'Adagp, l'école Icart, la Société Générale, ainsi que le Ministère de la Culture qui, pour la seconde année, accompagne la réalisation de ce catalogue. Je tiens également à remercier les partenaires qui contribuent à l'organisation du prix : Creativtv, Horizon Bleu et Silvana Editoriale et bien entendu les galeries des artistes qui ont participé avec enthousiasme à l'exposition.

Les quatre artistes en lice pour cette 18e édition de notre prix illustrent parfaitement l'effervescence de cette génération que l'ADIAF veut mettre en avant. L'exposition du Prix Marcel Duchamp au Centre Pompidou leur apporte une visibilité exceptionnelle – trois mois sur près de 700 m^2 – et permet de rendre hommage à leur travail, source constante de réflexion, de désir et de plaisir pour les collectionneurs.

Duchamp Prize, promoting the French art scene both on a national and international level with some 500,000 visitors for 2017 alone!

In this regard, I would like to thank the French Institute and its international network for the support it has given to the ever-increasing number of exhibitions held throughout the world. I'm particularly thinking of the exhibitions in Peking, China, and at the Whitechapel Gallery in London... But above and beyond these events, a number of signs reflect the growing importance of the French art scene: artists involved in our prize are now represented by many foreign galleries, take part in multiple international exhibitions and have been awarded some major prizes across the world.

A huge thanks to the patrons for their admirable generosity in providing not only essential financial support, but also their own individual expertise, whether it be our loyal friends at Artcurial, Inlex IP Expertise, the Comité Professionnel des Galeries d'Art and the Fondation d'Entreprise Hermès or patrons who have more recently joined us in defending French contemporary art: the Adagp, Icart, the Société Générale, as well as the Ministry of Culture who, for the second year running, have been involved in producing this catalogue. I would equally like to thank all of our partners who have contributed to the organisation of the prize: Creativtv, Horizon Bleu and Silvana Editoriale and of course the artists' galleries themselves who have enthusiastically participated in this exhibition.

The four artists competing for this eighteenth edition of our prize, illustrate perfectly the effervescence of this generation, one that the ADIAF wants to highlight. The Marcel Duchamp Prize exhibition at the Centre Pompidou offers them outstanding visibility – three months in a 700 m2 space – and allows tribute to be paid to their work which is a constant source of reflection, desire and a real pleasure for collectors.

AVANT-PROPOS

Bernard Blistène

Directeur du Musée national d'art moderne,
centre de création industrielle
Président du Jury
Director of the Musée national d'art moderne,
centre de création industrielle
President of the Jury

■ Riche de bientôt vingt années d'existence, le Prix Marcel Duchamp est aujourd'hui un rendez-vous dont l'autorité ne se dément pas. Né de l'engagement déterminé de collectionneurs pour la création artistique en France, il est le fruit d'échanges passionnés, auxquels critiques et professionnels apportent leurs contributions et leur savoir.

Cette nouvelle édition réunissant les quatre finalistes de cette année témoigne du bien-fondé de la formule telle que le Musée national d'art moderne et l'ADIAF ont convenu de la métamorphoser en 2016. Quatre artistes confrontent désormais leurs travaux au sein d'un même espace, afin d'offrir en une seule et même exposition plusieurs propositions que les visiteurs peuvent découvrir pour éprouver leur jugement et prendre la mesure de voix singulières. Quatre propositions que les membres de l'ADIAF ont retenues parmi de nombreuses autres : un choix bien évidemment subjectif et toujours engagé, témoignant de la vivacité et de la diversité de la scène artistique de notre pays et d'une dynamique profonde.

On reconnaîtra dans cette année 2018, une nouvelle fois, des figures profondément originales, venues d'horizons géographiques et culturels différents et personnifiant avec exigence une certaine idée de la création contemporaine en France. Les œuvres de Mohamed Bourouissa, Clément Cogitore, Thu-Van Tran et Marie Voignier ont marqué les esprits depuis quelques années et leur présence sur la scène de l'art témoigne de l'acuité de leurs démarches. Le premier s'est fait connaître au gré de propositions révélant des identités multiples au sein de notre corps social. Le deuxième s'attache à une pratique à mi-chemin entre art contemporain et cinéma et s'inquiète de révéler les modalités de cohabitation des hommes entre eux. La troisième rappelle avec subtilité une histoire coloniale où langage et pratiques culturelles ne cessent de dialoguer. La quatrième développe

Foreword

With almost twenty years of experience, the Marcel Duchamp Prize is undeniably a major event in the world of art today. Born out of the strong commitment of collectors to French artistic creation, it is the result of some impassioned debates in which art critics and professionals bring both their contributions and knowledge.

This new edition, which brings together this year's four finalists, testifies to the validity of the changes made to the format in 2016 by the National Museum of Modern Art and the ADIAF (Association for the Diffusion of French Art). Four artists now show their work together in the same exhibition space, in order to offer in just one unique exhibition, several propositions where visitors can test their judgement and evaluate the artists' individual style. Four entries that are chosen by the members of the ADIAF from many others: quite clearly a subjective and invested choice, reflecting the vivacity and diversity of our country's artistic scenes and its intense energy.

Once again in 2018, we will be able to see some profoundly original figures, from different geographical and cultural horizons personifying with rigour a certain idea of contemporary creation in France. The works of Mohamed Bourouissa, Clément Cogitore, Thu-Van Tran and Marie Voignier have left their mark over the last few years and their presence on the art scene testifies to the perceptiveness of their approach. The first made a name for himself by revealing multiple identities at the heart of our society. The second uses an artistic practice situated halfway between contemporary art and cinema and is concerned with revealing the different ways in which man cohabitates in the world. The third subtly recalls a colonial history in which language and cultural practice are in permanent dialogue. The fourth has developed a reflexive practice of film and its current issues and scrutinises reality in an almost scientific manner. Each of them has one thing in common, a heightened awareness of how our contemporary world is saturated by the media and the complex relationship between individual and collective memory.

une pratique réflexive sur le médium cinématographique et ses enjeux actuels et scrute le réel de façon quasi scientifique. Toutes et tous ont en commun une conscience aiguë de la saturation médiatique de notre monde contemporain comme de la relation complexe entre mémoire individuelle et collective.

Au-delà de l'implication de ces quatre artistes, je souhaiterais également souligner le rôle essentiel des différents rapporteurs qui ont accepté de présenter leurs œuvres. Que Katerina Gregos, Géraldine Gourbe, Carlos Basualdo et Jean-Charles Vergne – dont les travaux, à des titres divers, participent de la vivacité du discours critique actuel – sachent combien nous leur sommes reconnaissants. Leur engagement témoigne du lien essentiel unissant la pratique artistique et l'analyse. Enfin, que Marcella Lista, qui a accompagné la recherche et les nombreuses visites d'ateliers, sache combien la rigueur de ses réflexions est un apport sans égal à la construction comme au commissariat de cette nouvelle édition.

Pour conclure, il est bon de souligner ici que le Prix Marcel Duchamp, à l'instar d'autres grands prix internationaux, offre à des artistes la possibilité d'une production spécifique. Je ne saurai jamais assez remercier Gilles Fuchs, comme celles et ceux qui constituent à ses côtés le bureau de l'ADIAF, de la confiance et de la force de conviction qui est la leur pour mener à bien ces projets avec ambition et générosité. Je ne saurai aussi jamais assez dire aux galeristes qui accompagnent celles et ceux qu'ils défendent toute notre gratitude pour les efforts et la disponibilité qu'ils mettent afin que chaque créateur dispose des moyens de ses ambitions. Le Prix Marcel Duchamp est, dans sa construction même, un rendez-vous original qui unit des acteurs de l'art de notre temps venant d'horizons différents. Pour cette raison comme pour son indéfectible engagement au cœur du Musée national d'art moderne, il est un rendez-vous unique comme une confrontation stimulante et irremplaçable que le Centre Pompidou est particulièrement attaché d'accueillir.

Besides the commitment of the four artists, I would also like to highlight the essential role of the different reporters who have accepted to present their work. We would like to express our gratitude to Katerina Gregos, Géraldine Gourbe, Carlos Basualdo and Jean-Charles Vergne for their work, which has in diverse ways, contributed to the vivacity of the current critical discourse. Their commitment testifies to the essential link between artistic practice and analysis. Lastly, we would like Marcella Lista, who has been involved not only in the research but also in numerous studio visits, to know how much her rigorous thinking has been an unequalled addition to both the construction and curatorship of this latest edition.

Finally, it is important to underline here that the Marcel Duchamp Prize, just like other great international awards, offers artists the possibility of producing a specific piece. I can never thank Gilles Fuchs enough as well as those who work with him on the board of the ADIAF, for their faith and strong conviction in heading these projects with ambition and generosity. I must also express my gratitude to the galleries who accompany the artists they support, for the time and effort they put in to ensuring that each creator has the means to measure up to their ambitions. The Marcel Duchamp Prize is, by design, an original rendez-vous that unites some of the key players in the contemporary art world and from many different horizons. For this reason, along with its indefectible commitment to the National Museum of Modern Art, it is a unique event, a stimulating and irreplaceable contest that the Centre Pompidou is particularly committed to hosting.

PRÉSENTS DE L'HISTOIRE

Marcella Lista

Commissaire de l'exposition
Curator of the exhibition

Il est stérile de ramener l'œuvre à de l'explicite pur, puisqu'alors il n'y a *tout de suite* plus rien à en dire et que la fonction de l'œuvre ne peut être de fermer les lèvres de ceux qui la lisent ; mais il est à peine moins vain de chercher dans l'œuvre ce qu'elle dirait sans le dire et de lui supposer un secret ultime, lequel découvert, il n'y aurait également plus rien à ajouter : quoi qu'on dise de l'œuvre, il y reste toujours, *comme à son premier moment*, du langage, du sujet, de l'absence.

Roland Barthes, « Critique et vérité », 1966[1]

Tel qu'il ressort des dernières biennales et autres manifestations d'envergure récentes, l'art contemporain laisse paraître une forme d'antagonisme dans sa relation à l'histoire. D'un côté, le recours des artistes et des curateurs à l'archive et au travail de collection continue de cristalliser une réflexion critique sur l'histoire et sur ses possibles réécritures dans l'espace à la fois dense et écartelé de la mondialisation. De l'autre, le désir de renouer avec l'immédiateté de l'expérience perceptive aspire à réaffirmer quelque chose du régime esthétique en tant que tel. L'écueil d'une esthétisation de l'archive n'est pas loin et la tension qui travaillait les usages fictionnels de l'histoire depuis les années 1990 se dérobe au profit du morceau de bravoure incarné dans le *display*, la performance ou l'immersion technologique.

Par delà la singularité et l'originalité de leurs parcours respectifs, les quatre artistes réunis dans cette exposition donnent à voir des préoccupations communes qui mettent précisément au travail cet antagonisme. Le premier fil qu'ils partagent est une tendance à repenser les formes du récit. Face à la saturation médiatique et la fragmentation de la subjectivité qui s'y opère, leurs pratiques artistiques s'emploient à construire des histoires où interpeller à part égale le réel et la fable. Un second fil conducteur sous-tend le premier : une volonté de nouer avec l'espace et le temps de la mémoire

The present of history

It would be sterile to reduce a work down to pure explicitness, because then *straightaway* there is nothing more to say about it and the only function of the work can't be to silence those who read it; but it is hardly less vain to look for what the work might say without actually saying it and imagine it has an ultimate secret, which when discovered, would mean there would be equally nothing more to say: whatever we say about a work, there is always, *like in its first moment*, language, subject, absence.

Roland Barthes, "Critique et vérité", 1966[1]

As can be seen from the last biennales and other important recent events, contemporary art allows a form of antagonism to show through in its relationship with history. On the one hand, the use of the archive and the notion of collecting by artists and curators continues to crystallise a critical reflection on history and the possible ways of re-writing it in the dense and fragmented space of mondialisation. On the other hand, the desire to renew with the immediacy of perceptive experience aspires to reaffirming something of the aesthetic regime as such. We are not far from falling into the trap of an aestheticization of the archive, and the tension which inhabited the fictional use of history since the 1990s weakens in favour of a show of bravura personified in displays, performance or technological immersion.

Beyond the singularity and originality of their respective careers, the four artists brought together in this exhibition show common preoccupations that put this self-same antagonism into play. The first common thread is a tendency to rethink the form of the narrative itself. Faced with media saturation and the fragmentation of subjectivity that operates within it, their artistic practices are concerned with constructing stories in which reality and fable are equally invited and challenged. The second key thread underlies the first: a desire to connect with the space and time of the memory of complex living relationships which

des relations vivantes et complexes qui ne s'arrêtent pas au document, au témoignage ou plus généralement à l'archive. Sans ignorer la manière dont ces traces du passé se constituent, une exigence se fait jour, pour ces quatre artistes, d'engager nouvellement les conditions d'une expérience. Tous investissent très consciemment des formes d'écriture qui ont elles-mêmes une histoire. Dans leurs travaux, le film, la sculpture, l'architecture et le dessin sont mobilisés de manière réflexive au sein de dispositifs qui en nuancent et en élargissent les possibilités. Une pensée formelle s'organise pour aborder à la fois le trop plein de l'archive et l'errance du sens qu'elle porte en puissance et qui, à tout moment, peut être dévoyé.

La tension entre l'espace de l'archive et l'espace esthétique a déjà été relevée et maniée par plusieurs auteurs. En 2004, dans son essai célèbre, « An Archival Impulse », Hal Foster pointait la manière dont les retours de l'art sur des épisodes oubliés de l'histoire négocient « de nouveaux ordres d'association affective, aussi partiaux et provisoires soient-ils, même lorsqu'ils attestent aussi de la difficulté, et parfois de l'absurdité, de cette manière de faire »[2]. S'il saluait la part d'utopie qui semble réinvestie dans ces gestes de subjectivation ouverte de l'archive, c'était en identifiant un jeu fécond entre nostalgie et détachement. « La tendance de l'art archiviste à transformer les 'sites d'excavation' en 'sites de construction' est aussi bienvenue, concluait-il dans son essai, en cela qu'elle suggère un détachement vis-à-vis d'une culture mélancolique où ce qui relève de l'historique est perçu comme à peine distinct de ce qui relève du traumatique »[3]. Au vu des développements de l'art des quinze dernières années, cette perspective mérite de nouveaux regards. On pourrait en premier lieu observer que la ligne de partage, dans une œuvre d'art, entre ce qui relève de l'« historique » et ce qui relève du « traumatique » appelle sans doute une réflexion plus complexe qu'une catégorisation aussi nette et le jugement de valeur immédiat qu'elle induit. S'impose ensuite et surtout le constat que l'emprise des technologies qui structurent – ou non - la matière de l'archive promet aujourd'hui d'entretenir et de compliquer toujours davantage le façonnement du traumatique.

Il y a tout d'abord la conscience d'une crise et d'une fragilisation, déjà maintes fois évoquées : les intérêts versatiles au profit desquels les archives peuvent être instrumentalisées, les effets déformants de loupe ou au contraire de minorisation ou d'occultation, les actes et phénomènes incontrôlables de dispersion. À un autre niveau, la prolifération et la dématérialisation des archives menace de produire un espace virtuel insaisissable, sans début ni fin, sans contours. Plus que jamais résonne la question posée par Jacques Derrida : « Mais où commence le dehors ? Cette question est

go beyond documents, testimonies or archives in general. Without ignoring the way in which the traces of the past are constituted, it has become essential for these four artists to engage with the conditions of a new experience. All of them voluntarily use mediums which themselves have their own stories. In their work, film, sculpture, architecture and drawing are employed in a reflexive manner at the very heart of an approach that nuances and broadens potential possibilities. A formal way of thinking is created, touching on both the excessive condition of the archive and the shifting of meaning that it remains open to and which might be distorted at any moment.

The tension between the archival space and the aesthetic space has already been raised and used by several authors. In 2004, in his famous essay, "An Archival Impulse", Hal Foster highlighted the way in which art returning to forgotten episodes of history negotiates "new orders of affective association, however partial and provisional, even as they also register the difficulty, and at times the absurdity, of doing so".[2] If he praises the utopian element that seems to have reinvested these gestures of open subjectivation of the archive, it is thanks to the identification of a productive play between nostalgia and detachment. He concludes in his essay "the move in archival art to turn 'excavation sites' into 'construction sites' is welcome in another way too: it suggests a shift away from a melancholic culture that views the historical as little more than the traumatic."[3] Considering the art of the past fifteen years, such a perspective deserves a new look. We might first note that in an art work, the watershed between what is concerned with the "historic" and what is concerned with the "traumatic", undoubtedly calls for more complex reasoning than just the clear-cut categorisation and immediate value judgement it infers. We must also, and above all, recognise that the influence of technologies that structure archival material or break it apart, today, promises to complicate the shaping of trauma further still.

First of all, there is an awareness of a crisis and fragilisation, already evoked on numerous occasions: the instrumentalisation of archives to the advantage of variable interests, the deforming magnifying effects, or on the

la question de l'archive. Il n'en est sans doute pas d'autre »[4]. Comme y a insisté récemment James Bridle, la particularité des systèmes numériques est qu'ils n'ont pas d'extériorité : « on ne peut se tenir en dehors d'eux ; on ne peut penser sans eux »[5]. Au fur et à mesure que l'accès à l'information - de même que la transformation de la vie en données - s'étend et s'accélère, les infrastructures qui automatisent cette circulation des données s'opacifient. Elles nous sont invisibles, nous ne les connaissons que de l'intérieur. James Bridle suggère dès lors que « le gouffre n'est pas entre nous et nos technologies, il est au sein du réseau lui-même, et c'est à travers le réseau que nous venons à en faire l'expérience »[6]. Autrement dit ces technologies, charriant une profusion incessante et incontrôlable d'informations, produisent à la fois de la saturation et de la béance, des courts-circuits et des décrochements. L'aveuglement qui en résulte a profondément reformulé les conditions d'accès à la mémoire et la possibilité de faire œuvre d'histoire. C'est à cette aporie que s'attèlent les artistes que Hal Foster nomme « archivistes ».

Le propos n'est pas ici d'assigner les œuvres de Mohamed Bourouissa, Clément Cogitore, Thu-Van Tran et Marie Voignier à cette généalogie. Il s'agit plutôt de voir que ce paradigme, et l'antagonisme que depuis deux décennies il a produit entre forme historique et forme esthétique, est le substrat commun sur lequel ces travaux se développent. Pour aller plus loin dans cette tentative d'éclairer l'environnement de leurs démarches, et pour affirmer aussi que l'histoire a toujours à démêler avec l'archive, il est éclairant de se tourner vers les réflexions fouillées que Catherine Perret a consacrées à ce sujet. Dans un ouvrage au titre duchampien, *Les Porteurs d'ombre*, la philosophe faisait remonter aux années trente du XXe siècle cette notion d'une « forme-archive »[7]. À ses yeux, plutôt que de verser dans la nostalgie, le propre de cette forme est de s'attacher à articuler l'individuel et le collectif, l'art, l'histoire et, en dernière instance, le politique. Dans son essai plus récent, « Les deux corps de l'archive », Catherine Perret met en lumière trois « lignes de clivage » dans les pratiques contemporaines qui mettent en jeu ces problématiques. Il est ici utile de citer ses remarques dans le détail.

« La première ligne de clivage concerne la composition de l'archive. Elle tient à la question de savoir si ces pratiques constituent l'archive depuis l'extérieur, depuis la volonté d'écrire ou de réécrire l'histoire, ou depuis l'intérieur, sous la poussée d'une mémorabilité qu'il faut accueillir pour que d'elle-même elle assemble le matériau. [...] La deuxième ligne de clivage touche à l'exposition de l'archive-œuvre. Vise-t-elle à suspendre l'archive à la forme prise par son exposition de telle sorte que soit préservée la frontière entre

contrary, of minorisation or occultation, the incontrollable acts and phenomena of dispersion. On another level, the growing dematerialisation of archives threatens to create, as vertiginous as it is ungraspable, with no beginning nor end, without contours. The question asked by Jacques Derrida becomes more pertinent than ever: "But where does the outside begin? That is the question of the archive. There most probably isn't another".[4] As James Bridle recently insisted, the particularity of digital systems is that they have no exteriority: "we cannot stay outside of them; we cannot think without them."[5] As access to information – in the same way that life is transformed into data – spreads and accelerates, the infrastructures that automate this circulation of data become more and more opaque. We cannot see them, we only know them from the inside. From this point on, James Bridle suggests that "The chasm is not between us and our technologies, but within the network itself, and it is through the network that we come to know it".[6] In other words, these technologies, carrying an incessant and incontrollable profusion of information, produce both saturation and nothingness at the same time, short-circuits and shifts. The resulting blindness has profoundly reformulated the conditions of access to memory and the possibility of creating history. The artists Hal Foster calls "archivists" are wholly committed to this aporia.

The discourse here is not to assign the works of Mohamed Bourouissa, Clément Cogitore, Thu-Van Tran and Marie Voignier to this genealogy. It is concerned more with seeing that this paradigm, and the antagonism it has produced for two decades between historic form and aesthetic form, is the common substrata onto which these works develop. In order to shed more light on the context of their approach and also to reiterate that history has always been entangled with the archive, it is helpful to look at Catherine Perret's in-depth reflections on this subject. In a work with a Duchampian title, *Les porteurs d'ombre*, the philosopher dates the notion of the "archive-form" back to the 1930s.[7] This form's singularity is to endeavour to associate the individual and the collective, art, history, and ultimately, politics. In her more recent essay, "Les deux corps de l'archive", Catherine Perret highlights three "schisms" in

travail artistique et travail historique ? Ou vise-t-elle par cette forme de l'exposition à suspendre cette frontière de telle sorte que ce qu'il en est de l'art et ce qu'il en est de l'histoire se trouve renvoyé à la question, plus large, de ce que l'on entend par faire œuvre de culture ? La troisième ligne de clivage relève de l'expérience à laquelle il s'agit d'être fidèle. C'est une question que l'âge de la reproductibilité technique, puis numérique, avec les effets de dépossession qu'elle induit quant au 'propre' et à la personne, rend de plus en plus épineuse. Face au constat que dans le contexte de la vie enregistrée qui est la 'nôtre' l'archive nous tient en quelque sorte au corps, la question se pose de savoir ce que l'archive incorpore. Incorpore-t-elle 'mon' corps tel qu'il se sent engagé par ses traces comme la dernière forme de loyauté possible ? Incorpore-t-elle les conflictualités qui déchirent l'expérience historique de chacun de manière à performer le rêve de demeurer en vie, c'est-à-dire en guerre, ensemble ? Ces questions difficiles ne sauraient être tranchées au cas par cas »[8]. Pour Catherine Perret, elles engagent les artistes dans la construction d'un sujet historique assumant toutes les ambiguïtés du rapport du présent au passé, un sujet « dont les archives ne sont pas seulement la mémoire mais le rêve »[9].

L'appréhension de ces « lignes de clivage » résonne avec ce qui se dessine aujourd'hui comme une nouvelle conscience artistique de la question de l'archive. Marie Voignier exprime ce déplacement lorsqu'elle interroge, à propos de son film *Tinselwood*, fruit d'un long travail de maturation poétique entrelaçant la pratique du terrain, la rencontre d'individus et les sources textuelles sur l'histoire du travail forcé dans le Sud-Est camerounais : « Comment tous ces rapports [des habitants] à la forêt peuvent d'une manière complètement muette être des traces de l'histoire coloniale ? Je ne m'inscris pas dans une démarche ethnographique, mais dans une volonté d'historiciser le regard »[10]. Issues d'une approche critique du documentaire, ses œuvres s'intéressent à des réalités nouées, à des histoires complexes où se mêlent plusieurs vérités. Elles déjouent cependant toute assignation de l'image au récit du vrai et contournent les ressorts du discours postcolonial pour laisser une part agissante à ceux qu'elle filme. Marie Voignier s'est détournée de sa première formation en physique au profit du film et de la vidéo. Elle s'attache à mener son matériau au-delà du régime scientifique de l'observation entre autres et à travers « la pratique du montage, qui est une construction élaborée, une machine qui travaille, une machine poétique aux exigences formelles fortes »[11]. Chacune de ses œuvres invente un dispositif de regard et une structure temporelle, élaborant avec son sujet un rythme et une durée partagés.

contemporary practice which puts this problematic into play. It is interesting to consider her comments in greater detail here.

"The first schism is concerned with the composition of the archive itself. It is concerned with knowing if these practices constitute the archive from the outside, from a desire to write or re-write history, or from the inside, under the impetus of a memorability that has to be accepted in order for it to assemble the material itself. [...] The second schism touches on how the archive-work is actually exhibited. Is the aim to suspend the archive in its exhibited form in such a way that the frontier between artistic work and historic work is preserved? Or does this exhibition form aim to erase this frontier so that the part regarding art and the part regarding history refer back to the broader question of just what we mean by a cultural work? The third schism refers to remaining faithful to experience. It's a question that has been made increasingly tricky by the age of technical and then digital, reproducibility, and by the dispossessing effects they induce regarding what is 'proper' and belonging to the individual. Faced with the realisation that within the context of "our" recorded lives the archive in some ways follows us wherever we go, we have to ask the question; what does the archive embody? Does it embody my "body" as it is commited to its own traces as the last possible form of faithfulness? Does it embody the conflict that tears our individual historic experiences apart in such a way as to perform the dream of keeping ourselves alive, in other words at war, together? These difficult questions can only be answered one by one."[8] For Catherine Perret, they engage artists in the construction of an historic subject assuming all of the ambiguities of the relationship between past and present, a subject "of which archives are not only the memory but also the dream."[9]

Apprehending these "schisms" echoes a new artistic awareness emerging today around this question of archives. Marie Voignier expresses this displacement in her film *Tinselwood* (the fruit of a long process of poetic maturation), intertwining work in the field, the meeting of individuals, and the textual sources on the history of forced labor South-East Cameroun: "How can all of these completely silent relationships

Thu-Van Tran explicite par un reversement le lien qu'elle tisse entre le matériau artistique et la mémoire : « la mémoire est notre médium, dit-elle, et nous vivons dans la matière ». À propos de ses travaux autour des *Rainbow Herbicides*, les épandages toxiques aux noms de couleurs pratiqués par l'armée américaine au Vietnam, elle évoque un processus de transformation à la fois physique et symbolique : « je travaille à incarner et pétrir des taches, qui sont des souillures et impuretés, les parasites et les mensonges qui constituent et formatent de près comme de loin mon entourage et l'environnement social et historique que j'habite. Faire une histoire subjective avec les taches qui me côtoient »[12]. Son œuvre sonde plus généralement les revers de la globalisation à partir de son propre regard migrant, en mettant au travail, dans un même mouvement, la matière et le langage. Elle use de matériaux malléables – cires, algues, caoutchouc, résines, encres – pour activer des processus d'empreintes et de transferts qui disent la nécessité d'un support, d'un réceptacle, quand bien même ceux-ci s'avéreraient fragiles au point de rompre la forme. C'est le cas ici dans le moulage et l'assèchement, la calcination presque, des lettres d'une enseigne lumineuse qui épellent le mot « Welcome » [*Sois le bienvenu*] comme l'adresse d'une promesse équivoque. Sculpture, fresque, dessin, écriture et film sont traversés chez Thu-Van Tran par ces mouvements dialectiques entre la densité affirmative des convictions et le retrait de tout geste d'autorité historique.

Mohamed Bourouissa introduit l'idée de « tension » pour désigner le nœud de son travail. Parmi ses premières œuvres, la série *Périphérique* réinterprète la tradition esthétique du tableau vivant dans des photographies de jeunes habitants de la banlieue parisienne prises dans l'espace public, sur leurs lieux de vie sociale. Sa pratique s'attache à traverser les seuils, comme lorsqu'il tente de vendre ses sculptures pour deux euros sur les marchés aux puces, qu'il confie un téléphone portable à un détenu pour susciter d'autres images du confinement carcéral, ou qu'il infiltre clandestinement ses dessins et ses notes personnelles dans les fonds d'archives publiques – une critique par son négatif de la « forme-archive » exposée. Lorsque Okwui Enwezor voit dans son travail l'expression d'une « résistance », l'artiste nuance : « Je cherche plutôt à créer un état de tension, une sorte de résistance électrique [...]. Pour moi, l'image la plus claire de cette résistance serait liée à cet aspect électrique : comment rendre les choses visibles, comment raccorder les choses entre elles et les mettre en état de tension [...] une sorte de nouveau lieu où deux mondes peuvent coexister et susciter l'émergence d'un troisième lieu »[13]. Son installation, *Pas de temps pour les regrets*, entrelace les voix antagonistes d'Antoine

[of inhabitants] with the forest be traces of colonial history? My approach is not an ethnographic one, I am concerned with historicising the gaze."[10] Born out of a critical approach to documentaries, her work focuses on tangled realities within complex stories, where several truths are blended together. They thwart however, any notion of the image as a true story and bypass the motives of the postcolonial discourse to leave an active role for those she films. Marie Voignier turned her back on her initial training in physics. In film and video, she drives her material beyond the scientific system of observation: "the practice of montage, which is an elaborated construction, a machine that works, a poetic machine with strong formal requirements."[11] Each of her works invents a way of looking and a temporal structure, developing with its subject a shared rhythm and duration.

Thu-Van Tran explains through a reversal the thread she weaves between artistic material and memory. "Memory is our medium, she says, and we live among matter." Echoing her work around *Rainbow Herbicides*, the toxic sprays named after colours used by the American army in Vietnam, she evokes a process of transformation which is both physical and symbolic: "I work at embodying and shaping marks, which are stains and impurities, the parasites and lies that make up and format both my close and distant circle of family and friends and the social and historical environment in which I live. Creating a subjective story with the stains that are part of my everyday life."[12] More generally, her work probes the reverse side of globalisation from her own perspective as a migrant, by putting language and matter to work in the same movement. She uses malleable materials – wax, algae, rubber, resin, ink – to activate processes of imprint and transfer which talk of the necessity of a support, of a receptacle, even if those can reveal fragile to the point of breaking their shape. This is the case here with the moulding and drying, an almost calcination, of the letters of an illuminated shop sign spelling out the word WELCOME, like the address of an ambiguous promise. These dialectical movements between the affirmative density of convictions and the retreat of any gesture of historical authority run through Thu-Van Tran's sculpture,

Porot et de Frantz Fanon dans un carrousel qui tourne au fil d'une autre voix : celle d'un patient de l'hôpital psychiatrique de Blida, que Mohamed Bouruoissa a choisi comme guide de l'histoire et perturbateur du récit.

Clément Cogitore parle de son ordinateur comme d'un atelier où se sédimentent les images. Un lieu où se croisent l'histoire de l'art, du cinéma et de l'imaginaire populaire, un lieu où résonnent « ces 'images fantômes' qui hantent chaque nouvelle image produite »[14]. Le sens du rituel et la manifestation du sacré sous-tendent l'ensemble de son œuvre, inspirée par les rassemblements, les phénomènes communautaires et l'expression des croyances d'aujourd'hui, fussent-elles erratiques ou diffuses. Des émeutes de la place Tahrir en 2012 aux foules extatiques d'un concert de rock, d'un appartement de collectionneurs aux paysages désertiques de Sibérie, les captures du monde contemporain deviennent visions. La circulation et la banalisation des images numériques constituent le hors-champ de cette démarche : « Aujourd'hui, dit-il, les images n'ont plus vraiment de lieu. Le numérique est partout et nulle part, sans original ni copie, seulement des fichiers identiques. Une partie de mon travail consiste à relier l'expérience de l'image magique au monde numérique »[15]. Dans sa recherche la plus récente, l'artiste sonde ces images clonées sur leur terrain de prolifération : le marketing généralisé de la vie. Les labyrinthes des banques de données informatiques, les vues aériennes de métropoles scintillantes, les visages pétris de prestations émotionnelles, font de *The Evil Eye* un road trip halluciné dans les décombres contemporaines de l'archive.

Des pratiques de Mohamed Bourouissa, de Clément Cogitore, de Thu-Van Tran et de Marie Voignier, il importe de dire que ce sont des pratiques d'espaces. S'y dessine un écart significatif du principe archaïque de l'archive comme lieu : un lieu de consignation et de conservation, réel ou symbolique, tel que l'analysa Jacques Derrida lorsqu'il prit la mesure du cataclysme numérique dans la première phase de son essor[16]. Comme l'avait défendu peu avant Michel de Certeau dans ses pensées lumineuses sur les « arts de faire », ce qui différencie un espace d'un lieu, c'est qu'il n'a « ni l'univocité, ni la stabilité d'un propre »[17]. L'expérience en est même foncièrement différente : « Il y a espace dès qu'on prend en considération des vecteurs de direction, des quantités de vitesse et la variable de temps. L'espace est un croisement de mobiles. Il est en quelque sorte animé par l'ensemble des mouvements qui s'y déploient ». Et d'en préciser les modalités signifiantes : « L'espace serait au lieu ce que devient le mot quand il est parlé, c'est-à-dire quand il est saisi dans l'ambiguïté d'une effectuation, mué en un terme relevant de multiples conventions, posé comme l'acte d'un présent (ou d'un temps), et

mural painting, drawing, writing and film.

Mohamed Bourouissa has introduced the idea of "tension" to describe the core of his work. Among his first works, the *Périphérique* series reinterprets the aesthetic tradition of the *tableau vivant* in photographs of young people living in the Parisian suburbs taken in public spaces, in their social venues. His artistic practice is concerned with crossing thresholds, like when he tried to sell his sculptures for two euros at a flea market, when he entrusted his mobile phone to a prisoner in order to have a different image of the prison environment, or when he clandestinely infiltrated his drawings and personal notes into the public archives – a critique through its negative to the exhibited "archive-form". When Okwui Enwezor sees in his work the expression of a "resistance", the artist differentiates: "For me it is more about creating a state of tension, a sort of electrical resistance [...]. For me, the clearest image of resistance would be this electrical aspect of things: how to make things visible, how to connect things and bring them into a state of tension [...] a sort of new place where these two worlds can co-exist, a sort of third place that emerges from them."[13] His installation, *Pas de temps pour les regrets [No Time for Regrets]*, intertwines the antagonist voices of Antoine Porot and Frantz Fanon, in a carrousel which turns according to yet another voice: that of the voice of a patient of Blida's psychiatric hospital, whom the artist has chosen as the guide of the story and the disturber of the narrative.

Clément Cogitore talks about his computer as if it were a workshop where images precipitate. A place where art history, cinema and the popular imagination come together, a place in which "these ghostly images" that haunt each new image produced resonate.[14] The sense of ritual and the expression of the sacred underpin the entirety of his work, inspired by gatherings, community phenomena and the expression of beliefs today, as erratic and diffuse as they might be. From the riots at Place Tahrir in 2012 to the ecstatic crowds at a rock concert, from an apartment belonging to collectors to the deserted landscapes of Siberia, these shots of the contemporary world become visions. The circulation and banalisation of digital images are

modifié par les transformations dues à des voisinages successifs. [...] En somme, *l'espace est un lieu pratiqué* »[18].

C'est à partir de ces variables pratiquées que les quatre artistes ici réunis repensent les formes du récit dans l'espace historique. Il s'agit bien pour eux de sortir l'archive de son lieu « propre » pour questionner ce qui, des traces du passé et des images compulsives du présent, se décalque, se transfère, se dilue, se transforme. Il s'agit encore d'assumer les enchevêtrements constants de temps, de directions, de rythmes et de durées par lesquels se constituent en chacun, en permanence, la densité et les contradictions du présent. Il s'agit, enfin, d'articuler un espace d'adresse où le corps de l'archive est susceptible de se démultiplier, de parler à d'autres corps et de prendre l'empreinte d'un corps commun. Les formes sont présentes, distinctes, et cependant, toutes semblent avoir dévisagé une latence. Architecture spectrale, non-lieu numérique, vestiges fossilisés du langage face à des étendues de vibrations grises, paysages reculés d'où sourdent des morceaux non ouïs de l'histoire humaine. Images et figures s'incarnent avec toute leur force d'incertitude, accueillant les oscillations du sens dans le présent de l'histoire.

the off-screen element of this approach: "Today, he says, images no longer really have a place. Digitalisation is everywhere and nowhere, without original nor copy, just identical files. Part of my works consists of linking together the experience of magical images with the digital world".[15] In its most recent inquiry, the artist explores these cloned images in their space of proliferation: the marketing of life itself. The maze of digital databanks, the aerial views of shimmering metropolises, the distorted faces of emotional performances, all make *The Evil Eye* a staggering road trip through the contemporary ruins of the archive.

It is important to say that the artistic practices of Mohamed Bourouissa, Clément Cogitore, Thu-Van Tran and Marie Voignier are concerned with space. Their work draws a significant difference with the archaic principal of the archive as a place: a place of consignment and conservation, real or symbolic, as Jacques Derrida analysed it when he took stock of the digital cataclysm in its initial expansion phase.[16] As Michel de Certeau remarked slightly earlier in his thought-provoking piece on the "arts of doing", the thing that differentiates a space from a place, is that it has "no univocity, nor the stability of its own[17]. Experience is fundamentally different: "There is space as soon as we take into account vectors of direction, quantities of speed and the variables of time. Space is a crossroads for changing parameters. It is in some ways animated by all of the movements that spread out within it." And to specify the significant modalities: "Space is to place what the word becomes when it is spoken, in other words when it is caught in the ambiguity of an effectuation, transformed into a term dependant on multiple conventions, formulated like an act in the present (or a time), and modified by the transformations caused by successive environments. [...] In short, *space is a performed place*."[18]

The four artists brought together here use these practised variables in order to rethink the forms of stories in historical space. For them, it is about taking the archive out of its "proper" place to question what, from the traces of the past and the compulsive images of the present, are reproduced, transferred, diluted, and transformed. Once again,

[1] Roland Barthes, *Critique et vérité* [1966], Paris, Points Seuil, 1988, p. 78.
[2] Hal Foster, « An Archival Impulse », *October* 110, Fall 2004, p. 21-22.
[3] *Ibid.*, p. 22.
[4] Jacques Derrida, *Mal d'archive. Une impression freudienne*, Paris, Galilée, 1995, p. 20.
[5] James Bridle, *New Dark Age. Technology and the End of the Future*, Londres et New York, Verso, 2018, p. 2.
[6] *Ibid.*, p. 5.
[7] Catherine Perret, *Les Porteurs d'ombre. Mimésis et modernité*, Paris, Belin, 2002.
[8] Catherine Perret, « Les deux corps de l'archive », dans Jean-Philippe Antoine et Catherine Perret (dir.), *Les artistes font des histoires*, Paris, Seuil, « Le genre humain », 2015, p. 38-39.
[9] *Ibid.*, p. 39.
[10] Entretien de Marie Voignier avec Flora Moricet, *Mouvement.net*, 28 août 2017, p. 2.
[11] « Penser la possibilité de l'existence du soit-disant impossible », Marie Voignier en conversation avec Mo Gourmelon, *Marie Voignier*, Roubaix, Espace Croisé, 2011, p. 40.
[12] « Entretien de Thu-Van Tran par Clarence Chabert et Olivier Meessen », *Thu-Van Tran. Nos Lumières*, Bruxelles, MSSNDCLRCQ Meessen De Clercq, 2013, p. 177.
[13] Mohamed Bourouissa & Okwui Enwezor, « Conversation », *Mohamed Bourouissa*, Paris et Philadelphie, The Barnes Foundation & kamel mennour, 2017, p. 21.
[14] « Images du sacré : faire cohabiter le réel avec ce qui nous dépasse. Entretien avec Anaël Pigeat », *Clément Cogitore. L'Atelier*, Dijon, Les presses du réel, 2014, p. 8.
[15] *Ibid.*, p. 10.
[16] Jacques Derrida, *Mal d'archive. Une impression freudienne, op. cit.*
[17] Michel de Certeau, *L'invention du quotidien. 1. arts de faire* [1980] Nouvelle édition établie et présentée par Luce Girard, Paris, Gallimard, 1990, p. 173.
[18] *Ibid.*

it is about accepting the constant entanglements of time, directions, rhythms and durations through which the density and contradictions of the present are permanently built up in each of us. Finally, it is about articulating a space where the body of the archive can be addressed where the body of the archive is likely to multiply, to talk to other bodies and take on the imprint of a common body. The forms are present, distinct, and nonetheless, they all appear to have contemplated a latence. Ghostly architecture, no-place digital information, fossilised vestiges of language faced with expanses of grey vibrations, remote landscapes from where the unheard passages of the history of humanity seep out. Images and figures embody themselves with all the force of their incertitude, welcoming the oscillations of meaning in the present of history.

[1] Roland Barthes, *Critique et vérité* [1966], Paris, Points Seuil, 1988, p. 78.
[2] Hal Foster, "An Archival Impulse", *October* 110, Fall 2004, p. 21–22
[3] Ibid. p. 22.
[4] Jacques Derrida, *Mal d'archive. Une impression freudienne*, Paris, Galilée, 1995, p. 20.
[5] James Bridle, *New Dark Age. Technology and the End of the Future*, London and New York, Verso, 2018, p. 2.
[6] Ibid, p.5.
[7] Catherine Perret, *Les porteurs d'ombre. Mimésis et modernité*, Paris, Belin, 2002.
[8] Catherine Perret, "Les deux corps de l'archive", Jean-Philippe Antoine and Catherine Perret (dir.), *Les artistes font des histoires*, Paris, Seuil, "Le genre humain", 2015, pp. 38-39.
[9] Ibid, p. 39.
[10] Interview by Marie Voignier with Flora Moricet, *Mouvement.net*, 28 August 2017, p. 2.
[11] "Penser la possibilité de l'existence du soit-disant impossible", Marie Voignier in conversation with Mo Gourmelon, *Marie Voignier*, Roubaix, Espace Croisé, 2011, p. 40.
[12] "Entretien de Thu Van Tran par Clarence Chabert et Olivier Meessen", *Thu Van Tran. Nos Lumières*, Brussels, MSSNDCLRCQ Meessen De Clercq, 2013, p. 177.
[13] Mohamed Bourouissa & Okwui Enwezor, "Conversation", *Mohamed Bourouissa*, Paris and Philadelphia, The Barnes Foundation & kamel mennour, 2017, p. 21.
[14] "Images du sacré: faire cohabiter le réel avec ce qui nous dépasse. Entretien avec Anaël Pigeat", *Clément Cogitore. L'Atelier*, Dijon, Les presses du réel, 2014, p. 8.
[15] Ibid., p. 10.
[16] Jacques Derrida, *Mal d'archive. Une impression freudienne*, work cited.
[17] Michel de Certeau, *L'invention du quotidien. 1. arts de faire* [1980] New edition created and presented by Luce Girard, Paris, Gallimard, 1990, p. 173.
[18] Ibid.

MOHAMED BOUROUISSA

Carlos Basualdo

La méthode Bourouissa

« De la folie, mais qui ne manque pas de méthode. »
William Shakespeare, *The Tragedy of Hamlet, Prince of Danemark*

Comme souvent dans son travail, ce que Mohamed Bourouissa nous offre, en fin de compte avec sa nouvelle installation *Pas le temps pour les regrets,* n'est qu'une image – une image à la fois précise et poignante. Cependant, son processus de production est complexe. Un échafaudage en bois contient six écrans rotatifs qui, tel un manège tragique, nous présentent tour à tour le visage de Bourlem Mohamed, un ancien patient de l'hôpital de Blida-Joinville – le premier hôpital psychiatrique d'Algérie –, et celui du fondateur de l'hôpital, Antoine Porot, un médecin français qui y a exercé entre 1938 et 1953. La Biennale de Liverpool avait à l'origine commandé ce film intitulé *Le Murmure des fantômes*. Bourouissa a présenté à Liverpool une version antérieure du film accompagnée d'une installation, *Resilience Garden* – un jardin ouvert dans un espace public –. Il nous faut préciser que les expositions sont devenues pour Mohamed Bourouissa des outils de réflexion pour le développement de ses projets, de sorte que plusieurs versions d'une œuvre peuvent être montrées dans différents lieux au même moment. Dans *Le Murmure des fantômes*, Bourlem Mohamed, interviewé par Mohamed Bourouissa, évoque les tortures perpétrées par la police coloniale française, parle de son jardin à l'hôpital et de sa maladie, questionne l'artiste sur son choix de quitter sa terre natale pour partir travailler à l'étranger, et l'aide à concevoir un jardin qui sera ensuite aménagé à Liverpool. C'est une image composite, un agencement de fragments irréconciliables, dont les interstices sont encore creusés par les incursions intermittentes de la voix de Frantz Fanon, reconnaissable entre toutes, avec

Bourouissa's Method

"Though this be madness, yet there is method in't."
William Shakespeare, *The Tragedy of Hamlet, Prince of Denmark*

As it is often the case in his work, what Mohamed Bourouissa ultimately offers us with his new installation *Pas le temps pour le regrets* is just an image – an image that is both precise and poignant. The process by which it is produced is, nonetheless, complex. A wooden scaffold that stands for a section of the floor plan of a building contains six rotating screens that, like a tragic carousel, present us with the contrasting faces of Bourlem Mohamed, an old time patience of the Blida-Joinville Hospital – the first psychiatric hospital in Algiers –, and that of the founder of the hospital, a French doctor, Antoine Porot, who worked there from 1938 until 1953. The Liverpool Biennial originally commissioned the film, entitled *Le Murmure des fantômes*. Bourouissa presented in Liverpool an earlier version of the film along with an installation, *Resilience Garden*, an open garden in public space. It needs to be said that for Bourouissa, exhibitions have become deliberate tools for the development of his projects, so that several versions of a work are being presented in different venues through a certain period of time. In *The Whispering of Ghosts*, Bourlem Mohamed, interviewed by Bourouissa recalls being tortured by the French colonial police, speaks about his garden in the hospital and his illness, questions Bourouissa about the artist leaving his homeland to work abroad, and helps him design a garden that will be subsequently built in Liverpool. This is a composite image, an arrangement of irreconcilable fragments, the fissures between them made even deeper by the episodic appearances of the inimitable voice of Frantz Fanon, heavy with a Caribbean accent, describing the psychological damage that domination inescapably inflicts to the colonial subject.

Since *Périphérique* and along the intense arch that takes us from those early photographic images and through his celebrated videos *Temps mort*, 2009, and *Legend*, 2010, to his ambitious multimedia installation *Horse Day* from 2015, Bourouissa has always been fundamentally concerned with the production of a complex and enigmatic image. This is an important fact to underline, especially

son fort accent caribéen, décrivant les dégâts psychologiques que la domination inflige inévitablement au sujet colonisé.

Depuis *Périphérique*, et tout au long de cette intense trajectoire qui nous conduit de ses premiers travaux photographiques à son ambitieuse installation multimédia, *Horse Day*, en 2015, en passant par ses célèbres vidéos, *Temps mort* en 2009 et *Legend* en 2010, Mohamed Bourouissa s'est toujours attaché à produire une image complexe et énigmatique. C'est un fait qu'il faut souligner, notamment parce que le processus qui permet à ses projets d'advenir devient de plus en plus prégnant. Il y a une tension évidente entre, d'une part, le processus chronophage de création, en perpétuel développement, qui constitue un aspect essentiel de la présentation et de la réception de l'œuvre de Mohamed Bourouissa, et, d'autre part, l'étrange pouvoir magnétique de l'image finale – une image qui nous accompagne parfois contre notre gré. Roland Barthes utilisait le terme *punctum* pour décrire cette formidable articulation entre le tout et ses parties, dans laquelle le singulier absolu se démarque, au-delà et au-dessus de l'universel, comme s'il dévoilait une vision du monde toute entière. La méthode de Mohamed Bourouissa consiste à révéler l'image en tant que *punctum* d'une situation spécifique en cours d'évolution.

La *résilience*, explique Mohamed Bourouissa, est au cœur de sa dernière création. En observant ses premières photographies, on serait tenté de dire que la résilience, à savoir la capacité à résister face à l'adversité et à persévérer sur son chemin, est ce dont il a toujours été question dans son œuvre. *Pas le temps pour les regrets* évoque la résilience de Bourlem Mohamed, inscrite à l'encre indélébile sur tout son corps, exprimée par son travail opiniâtre dans un jardin en ruine de l'hôpital, une institution fondée dans le cadre de la présence française en Algérie, reflétant un système de valeurs coloniales oppressif. Cette institution a recruté en 1953 un jeune médecin martiniquais, Frantz Fanon, qui s'appuiera assez rapidement sur l'ergothérapie et la musicothérapie pour soigner les sujets coloniaux, ses patients. Le travail de Bourlem Mohamed constitue un témoignage des réformes médicales introduites par Fanon, la résonance incarnée d'un geste émancipateur.

Mais la *résilience* est aussi caractéristique des mises en scène de *Périphérique*, de la puissance symbolique de *Horse Day* à représenter les luttes et les victoires de la communauté afro-américaine à Philadelphie et ailleurs. La *résilience* est un signe de la capacité d'agir. L'œuvre de Bourouissa s'intéresse toujours à des situations liées à l'émergence d'une configuration de forces économiques et politiques, à des moments spécifiques de l'histoire contemporaine, lorsque certains sujets sont menacés et leur capacité d'agir est mise à mal. Bien qu'explicitement critique envers la notion d'humanisme

because in Bourouissa's work the process by which his projects come into being acquires such an evident protagonist role. There is a conspicuous tension between the process, always expansive and time consuming and such an important aspect of the display and reception of Bourouissa's work, and the strange, magnetic power of the image that it is ultimately offered – an image that often remains with us, even against our will. Roland Barthes used the word "punctum" to refer to that miraculous articulation between parts and whole in which the absolutely singular stands out, beyond and above generalizations, as a cipher of an entire worldview. In that sense, Bourouissa's method is to reveal the image as "punctum" of a certain specific and evolving situation.

Resilience, Bourouissa says, is what his new work is concerned with. Looking at his early photographs one could say that *resilience*, the capacity to resist the most adverse conditions and to persevere along a certain path, is what his work has always been about. In the case of *Pas le temps pour les regrets* it is about Bourlem Mohamed's resilience, written in indelible ink all over his body, expressed by his insistent work in a derelict garden at the hospital, an institution founded within the context of the French colonial project in Algeria, reflecting an oppressive value system. An institution that, in 1953, would employ a young doctor from Martinique, Frantz Fanon, who would soon introduce occupational therapy and music to treat its colonial subjects, the patients. Bourlem Mohamed's work exists as a testimony of Fanon's clinical reforms, the embodied echo of an emancipatory gesture.

But *resilience* is also the sign under which the staged compositions of *Périphérique* were predicated, the quality that made Bourouissa's *Horse Day* such a powerful symbol of the struggles and the victories of the African American community in West Philadelphia – and beyond. *Resilience* is a mark of agency. Bourouissa's work focuses on situations that are always related to the emergence of a configuration of economical and political forces at specific moments in contemporary history, when certain subjects are threatened and their agency is under attack. Although explicitly critical of humanism in its Western, colonial version, Bourouissa's work is always an attempt to restitute agency to those resilient subjects, to provide them with a sense of dignity.

dans son acception coloniale occidentale, l'œuvre de Bourouissa tente toujours de rendre à ces sujets résilients leur pouvoir et de leur redonner une certaine dignité.

Mohamed Bourouissa poursuit cette quête en s'investissant le plus possible dans la situation avec laquelle il a choisi de travailler. Sa position à cet égard n'est pas celle d'un spectateur désintéressé, ni d'un témoin détaché de ce qu'il voit. Que la situation le concerne directement comme dans *Périphérique*, qui décrit une réalité qui lui est propre, ou qu'il s'immerge de manière volontaire et audacieuse, auprès des éleveurs de chevaux à Philadelphie, la place que Mohamed Bourouissa s'assigne dans ses projets est toujours du côté de l'engagement actif. Cette implication est l'outil indispensable dont il a besoin en tant qu'artiste pour produire des formes. Dans son œuvre, le processus d'engagement aboutit à la production de mises en scène. Mohamed Bourouissa confie avoir souhaité travailler sur des formes artistiques parfois foncièrement inclusives. Cela pourrait expliquer pourquoi la scène apparaît avec autant d'insistance dans son œuvre, au sens propre comme dans *Horse Day*, ou métaphorique, comme la plateforme créée par la conversation et l'entente entre l'artiste et un détenu dans *Temps mort*.

Peut-être faut-il interpréter ainsi sa nouvelle installation au Centre Pompidou : une scène qui englobe l'histoire personnelle de Bourlem Mohamed, l'histoire institutionnelle de l'hôpital de Blida, l'histoire intellectuelle de Frantz Fanon et plus généralement, l'histoire tragique des relations conflictuelles entre la France et ses anciennes colonies. Les spectateurs sont aussi des acteurs de cette scène qui les inclut autant qu'elle les questionne, puisque ces histoires ne leur sont pas étrangères, mais appartiennent, bien qu'elles aient été parfois volontairement oubliées ou effacées, à leurs vies intimes.

Mais ce que Bourouissa met également en scène dans ce dernier travail, tout comme par le passé, est une allégorie, au sens de Walter Benjamin décrivant le drame baroque allemand : une collection de fragments qui représentent les effets dévastateurs de ce long siège que constitue notre histoire récente, l'histoire de notre temps. La voix de Fanon, l'ossature d'une institution de l'oppression, la boucle sans fin d'un récit disjoint et douloureux, le visage buriné de Bourlem Mohamed, tous ces fragments inexpiables nous engloutissent pour nous entraîner vers un lieu de pure dévastation. C'est dans ce lieu inaccessible que le jardin de la résilience continue pourtant de fructifier.

Bourouissa pursues that by engaging as deeply as he is able to with the specific situation with which he has chosen to work. His position in this regard is not that of a disinterested viewer, a witness uninvolved with what he sees. Either already part of the situation that his work addresses – as was the case with *Périphérique* that depicted a reality that was his own –, or a willful and fearless initiated – like in his work with the community of horse breeders in West Philadelphia –, the form of participation that Bourouissa choses for his projects is always that of an active engagement. Bourouissa's commitment is the necessary tool that as an artist he requires for the production of form. In his work, the process of engagement results in the production of forms of staging. Bourouissa, in conversation, has acknowledged his intention to work with artistic forms that could be fundamentally inclusive. That might explain why the *stage*, being literal, like in *Horse Day*, or metaphoric, like the platform provided by the conversation and mutual agreement between the artist and a jailed prisoner in *Temps mort*, appears so insistently in his work. This is, perhaps, the way in which his new installation at the Centre Pompidou needs to be understood, as a stage that encompasses the personal history of Bourlem Mohamed, the institutional history of the Blida Hospital, the intellectual history of Frantz Fanon, and more in general, the tragic history of the conflicted relation between France and its former colonies. The viewers are actors in that stage that both includes and questions them inasmuch as those histories are not external, but an intimate, although sometimes willfully forgotten or suppressed, part of their lives.

But at the same time, what Bourouissa stages, in this recent work, as much as in the past, is an allegory, understood in the sense that Walter Benjamin referred to them when describing the German Baroque Drama: a collection of fragments that stands for the ruinous result of that long siege which is our recent history, the history of our times. Fanon's voice, the skeletal armature of an institution of oppression, the endless loop of a disjointed and painful narrative, the weathered physiognomy of Bourlem Mohamed, all irredeemable fragments engulf us in their pull toward a center of pure devastation. It is in that inaccessible center that

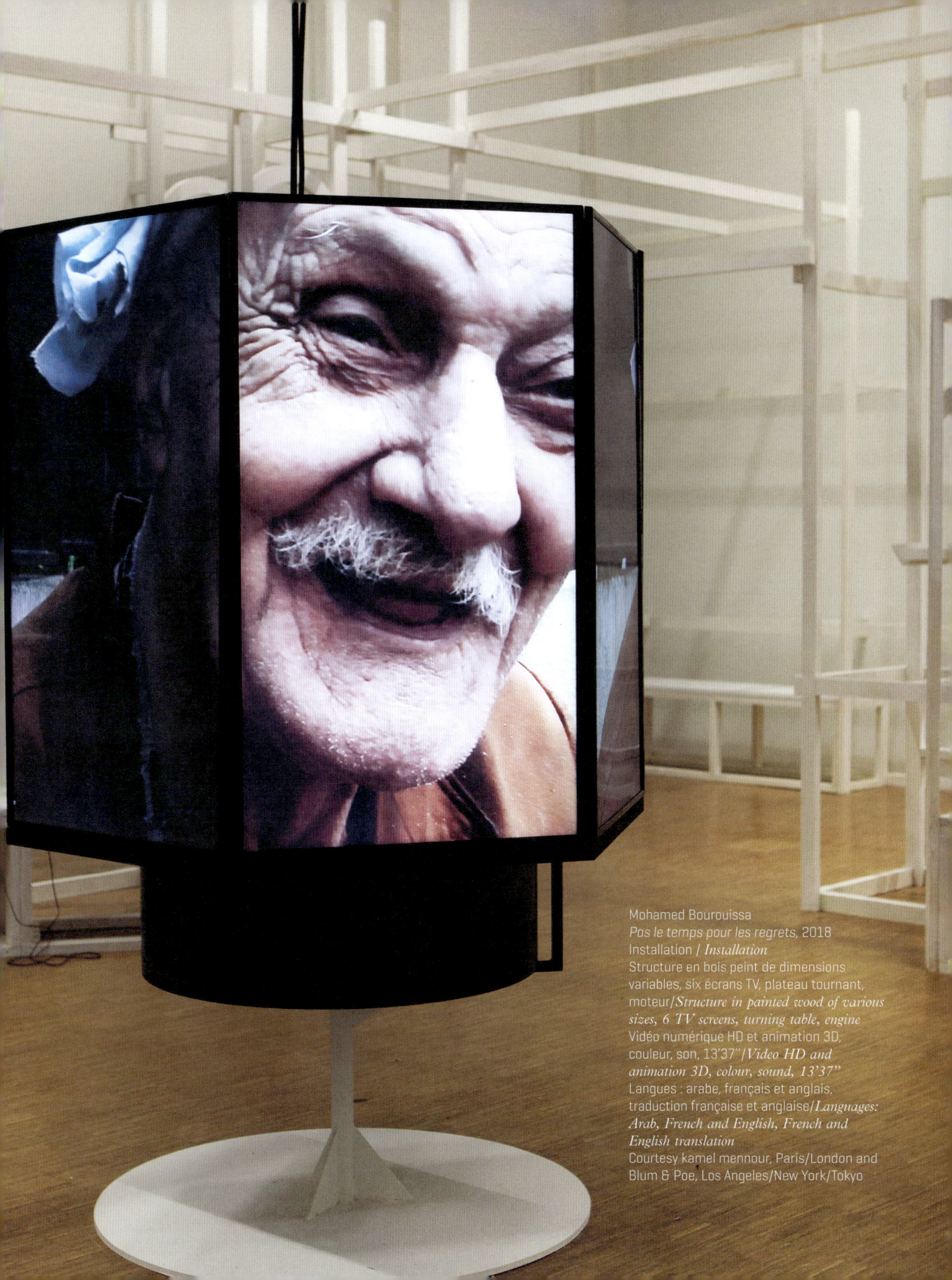

Mohamed Bourouissa
Pas le temps pour les regrets, 2018
Installation / *Installation*
Structure en bois peint de dimensions variables, six écrans TV, plateau tournant, moteur/*Structure in painted wood of various sizes, 6 TV screens, turning table, engine*
Vidéo numérique HD et animation 3D, couleur, son, 13'37"/*Video HD and animation 3D, colour, sound, 13'37"*
Langues : arabe, français et anglais, traduction française et anglaise/*Languages: Arab, French and English, French and English translation*
Courtesy kamel mennour, Paris/London and Blum & Poe, Los Angeles/New York/Tokyo

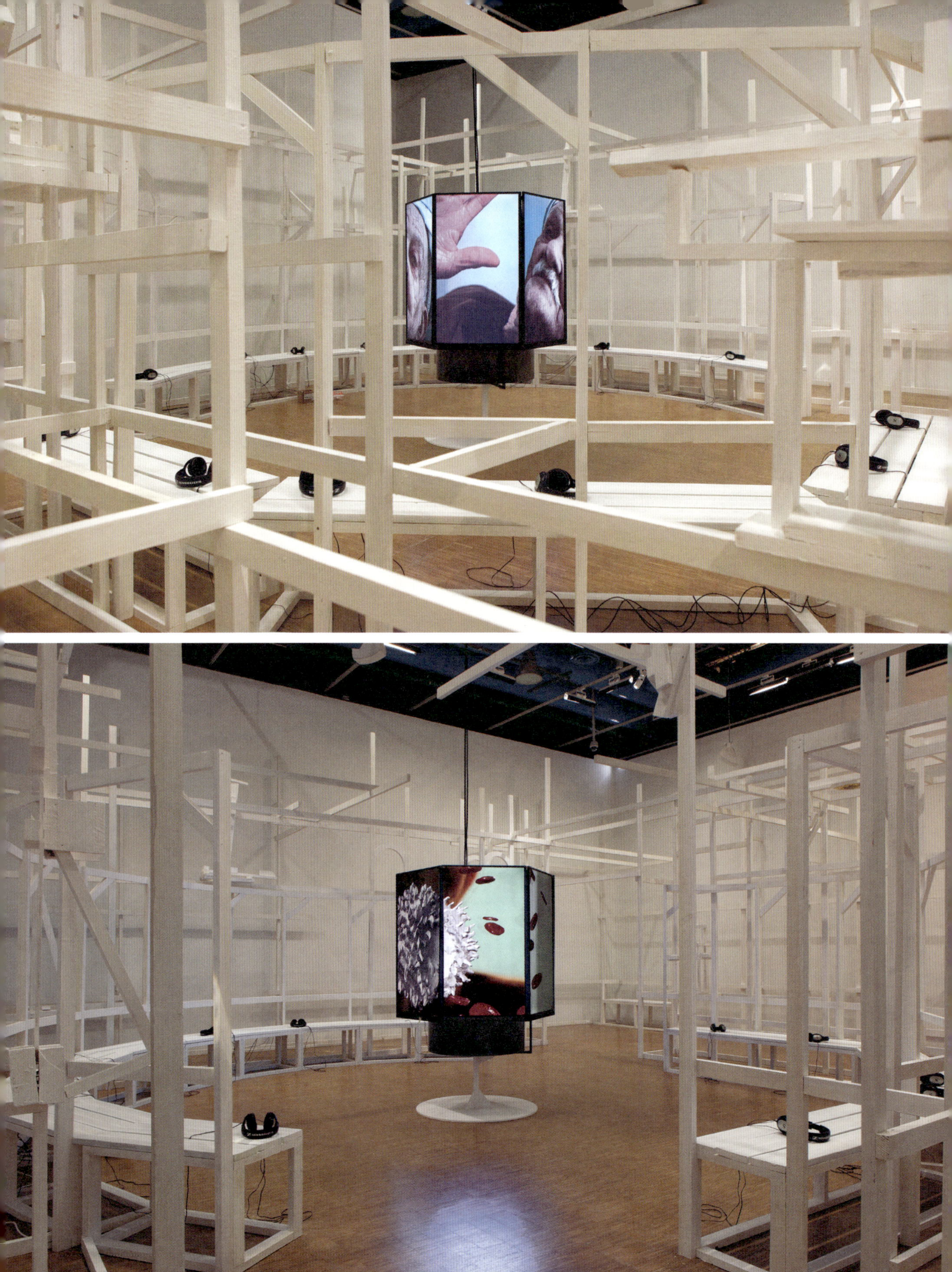

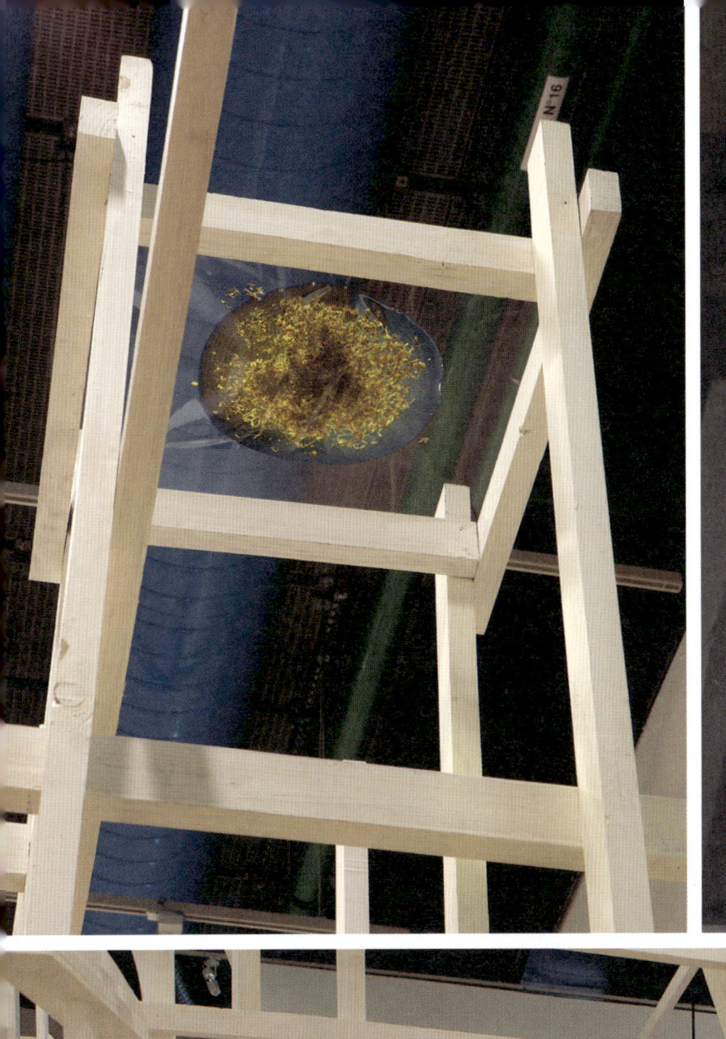

Mohamed Bourouissa
Pas le temps pour les regrets, 2018
© ADAGP Mohamed Bourouissa
Photo archives kamel mennour
courtesy the artist and kamel mennour, Paris / London et Blum & Poe, Los Angeles / New York/Tokyo

Invitation à / *Invitation to*
Olivier Nattes
Macérats, 2018
PVC, huile de pépin de raisin, fleurs et feuilles de millepertuis / *PVC, grapeseed oil, flowers and leaves of St. John's Wort*
© Olivier Nattes
Courtesy de l'artiste / *the artist*

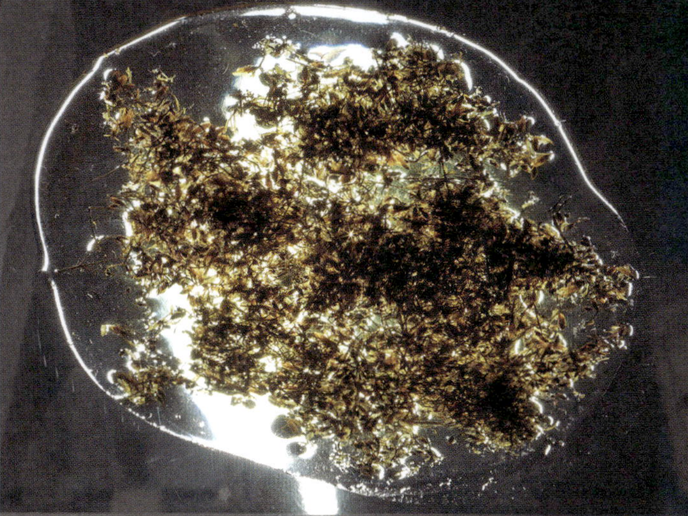

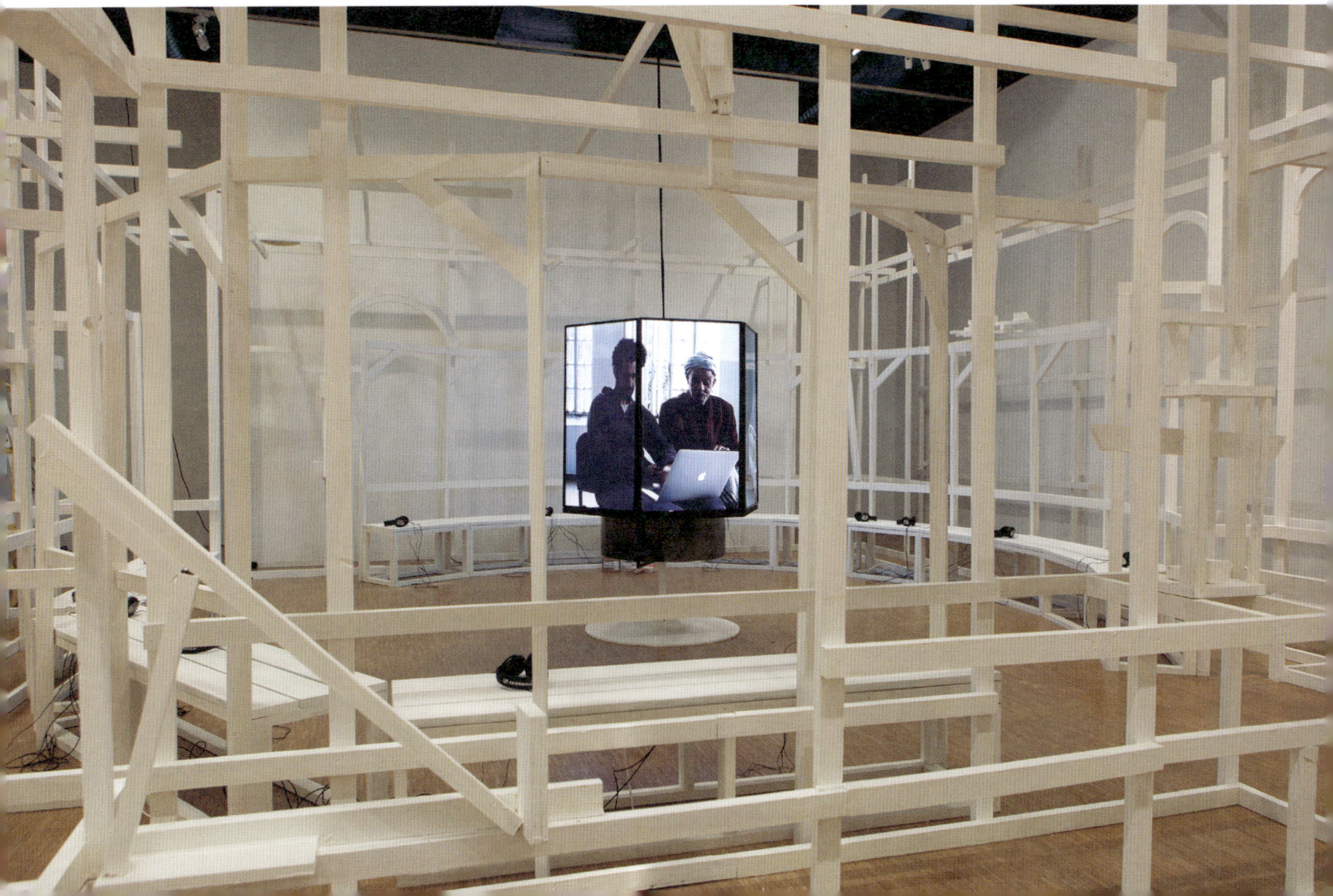

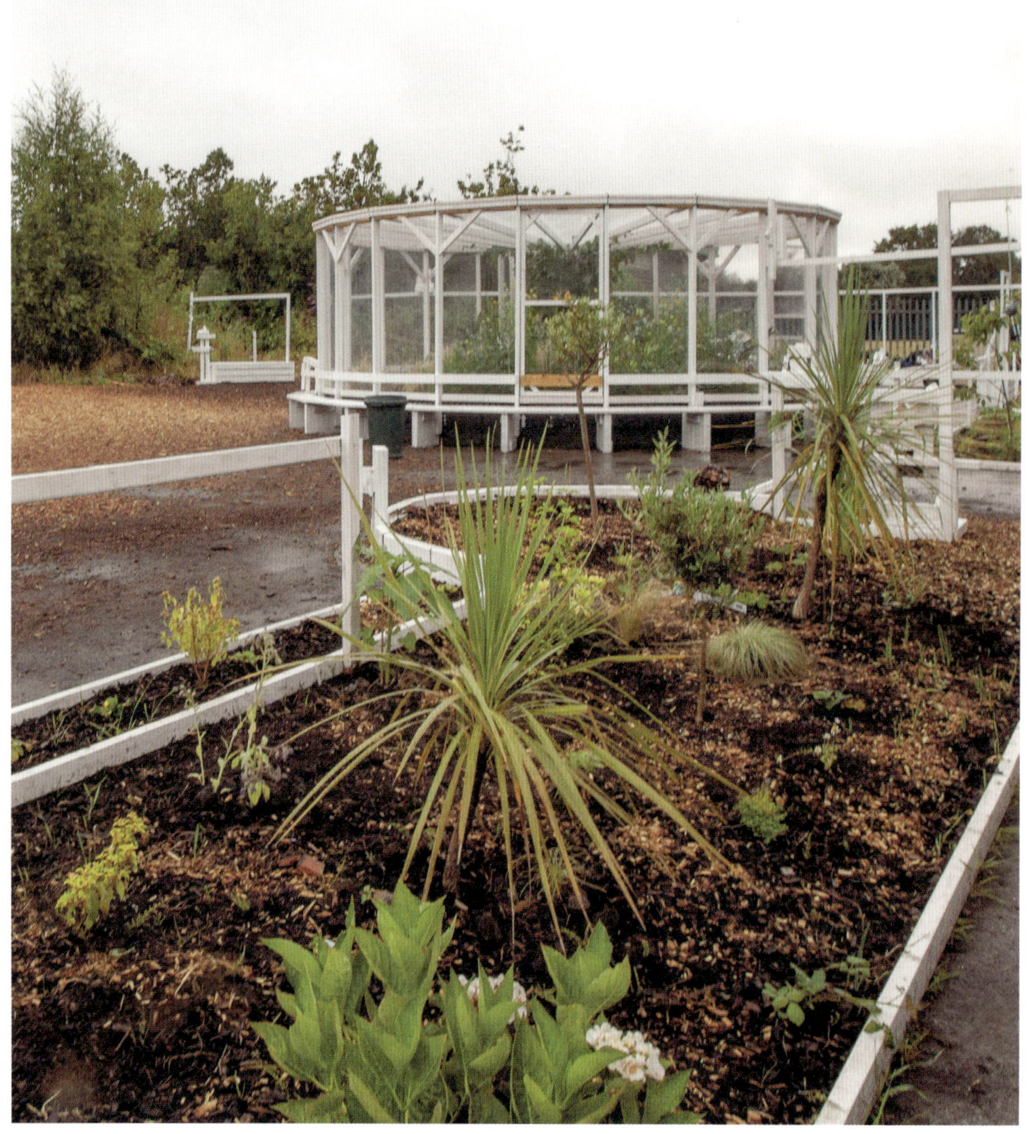

Mohamed Bourouissa
Resilience Garden, 2018
© ADAGP Mohamed Bourouissa
photo Mohamed Bourouissa
Courtesy the artist and kamel mennour, Paris/London and Blum & Poe, Los Angeles/ New York/Tokyo
Commande de la Biennale de Liverpool / *commissioned by Liverpool Biennial*

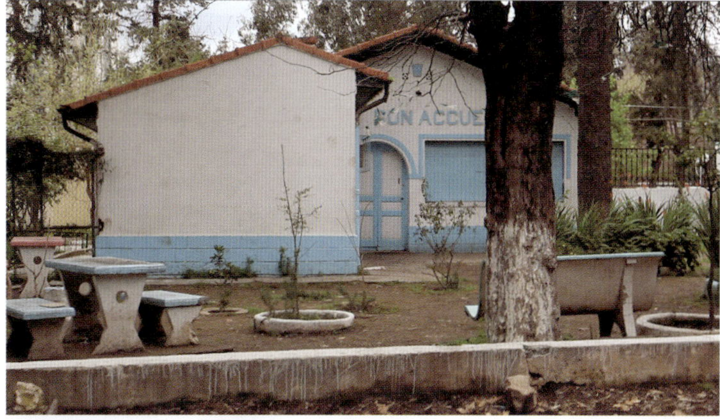

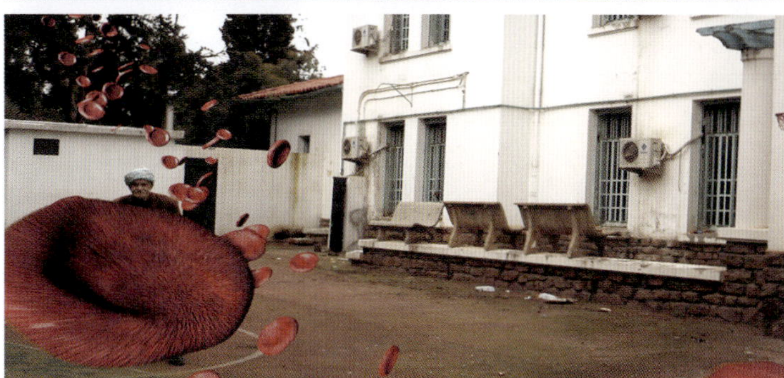

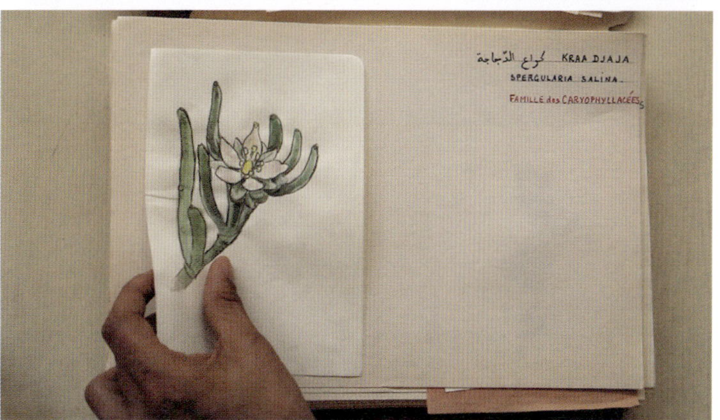

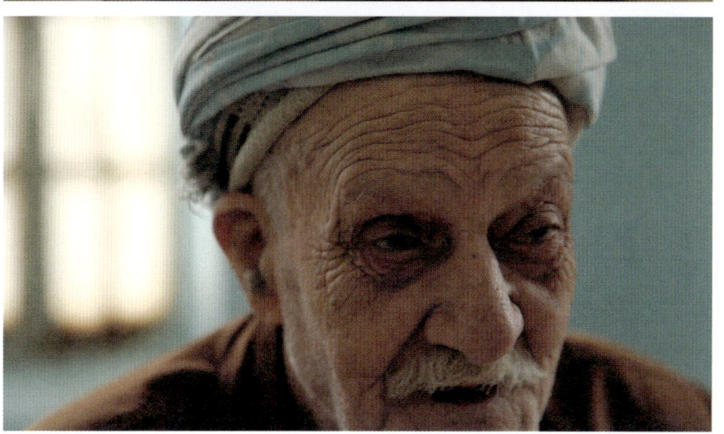

Mohamed Bourouissa
Le Murmure des fantômes, 2018
Stills. Vidéo (couleur et son), 13'15" /
Video (Colour, sound), 13'15"

Courtesy the artist and kamel mennour,
Paris/London and Blum & Poe, Los Angeles/
New York/Tokyo
Ce film est une commande de FACT
et de la Biennale de Liverpool /
This film is commissioned by FACT and Liverpool Biennial

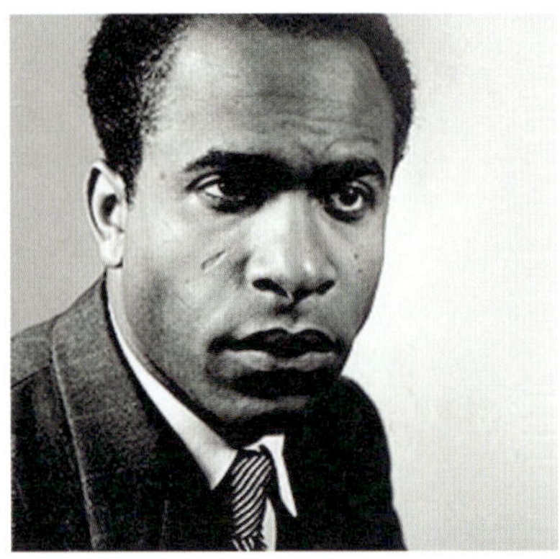

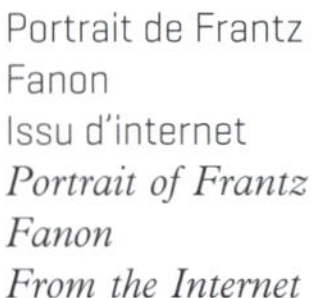

Portrait de Frantz Fanon
Issu d'internet
Portrait of Frantz Fanon
From the Internet

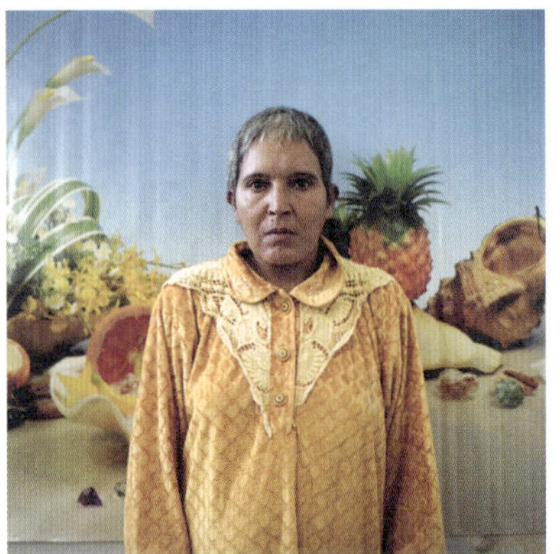

Mohamed Bourouissa
Portraits des patients de l'Hôpital psychiatrique Frantz-Fanon de Blida, 2013
Photographie couleur / *Colour photograph*
© ADAGP Mohamed Bourouissa
Courtesy the artist and kamel mennour, Paris/London et Blum & Poe, Los Angeles/New York/Tokyo

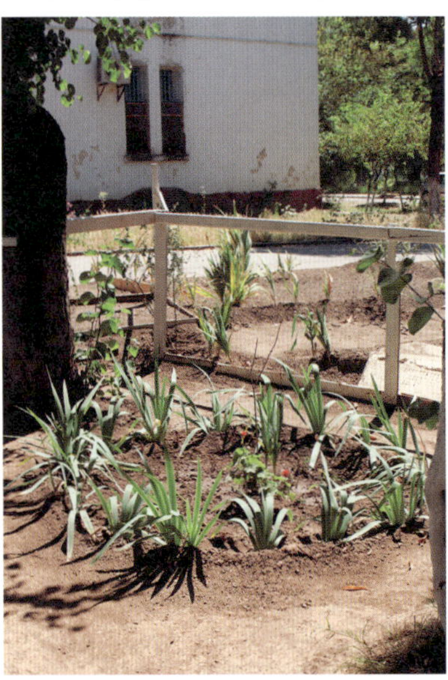

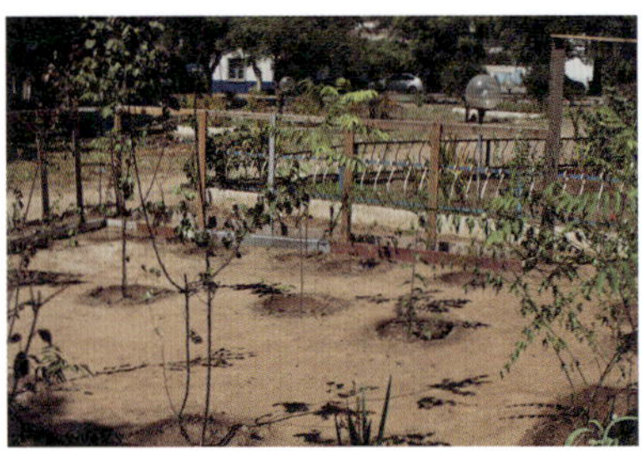

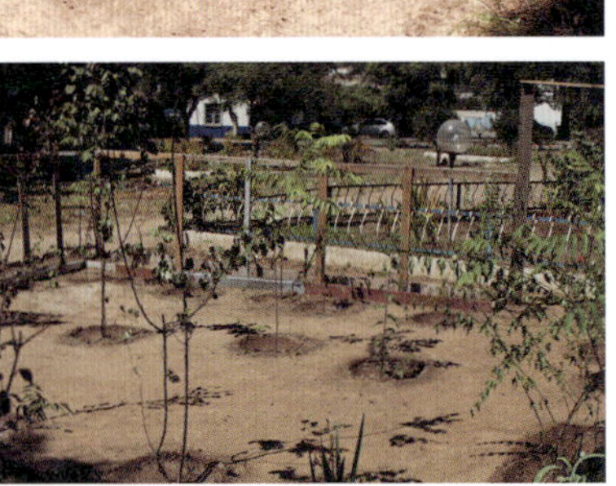

Mohamed Bourouissa
Jardin de Bourlem Mohamed (Hôpital psychiatrique Frantz-Fanon de Blida), 2013
Photographie couleur / *Colour photograph*
© ADAGP Mohamed Bourouissa
Courtesy the artist and kamel mennour, Paris/London et Blum & Poe, Los Angeles/New York/Tokyo

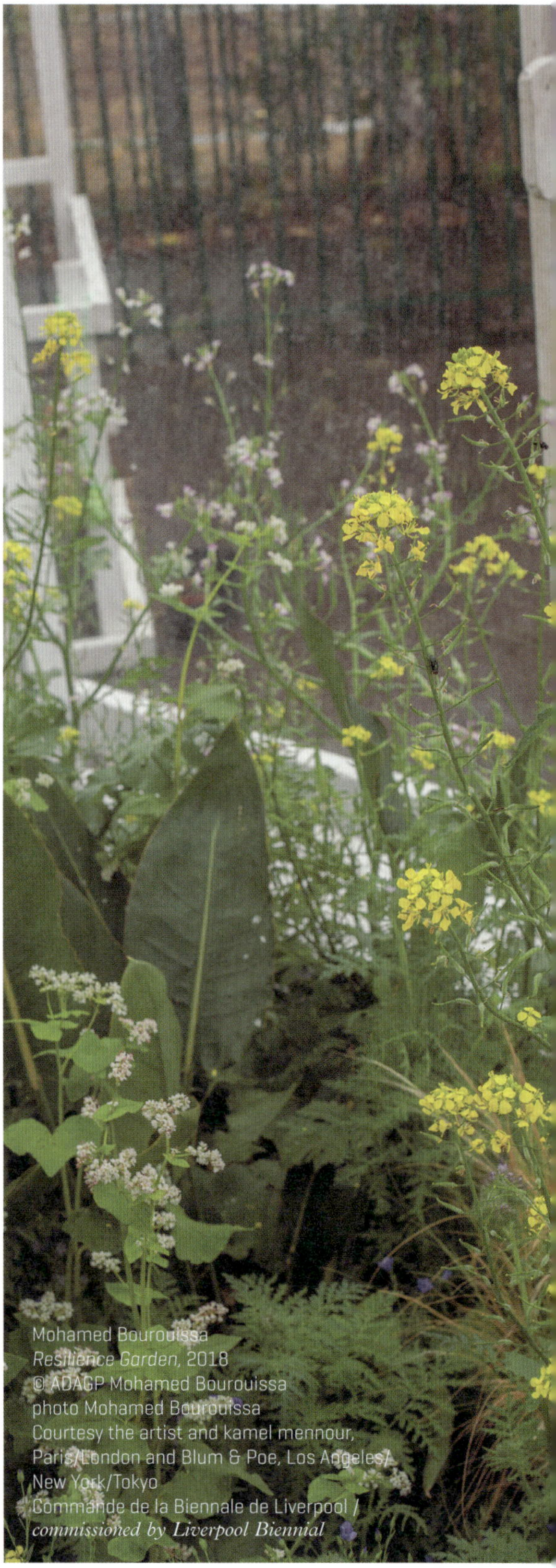

Mohamed Bourouissa
Resilience Garden, 2018
© ADAGP Mohamed Bourouissa
photo Mohamed Bourouissa
Courtesy the artist and kamel mennour, Paris/London and Blum & Poe, Los Angeles/New York/Tokyo
Commande de la Biennale de Liverpool / *commissioned by Liverpool Biennial*

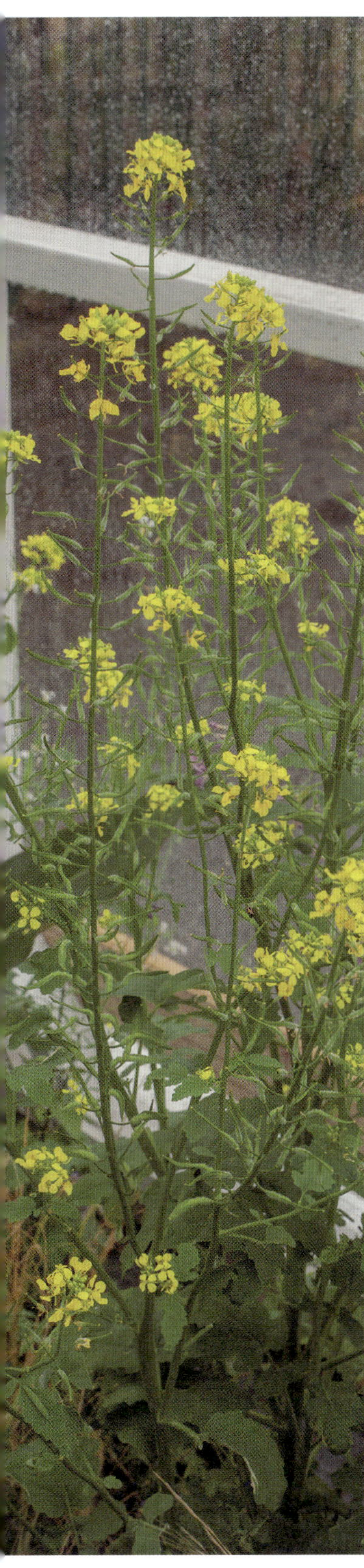

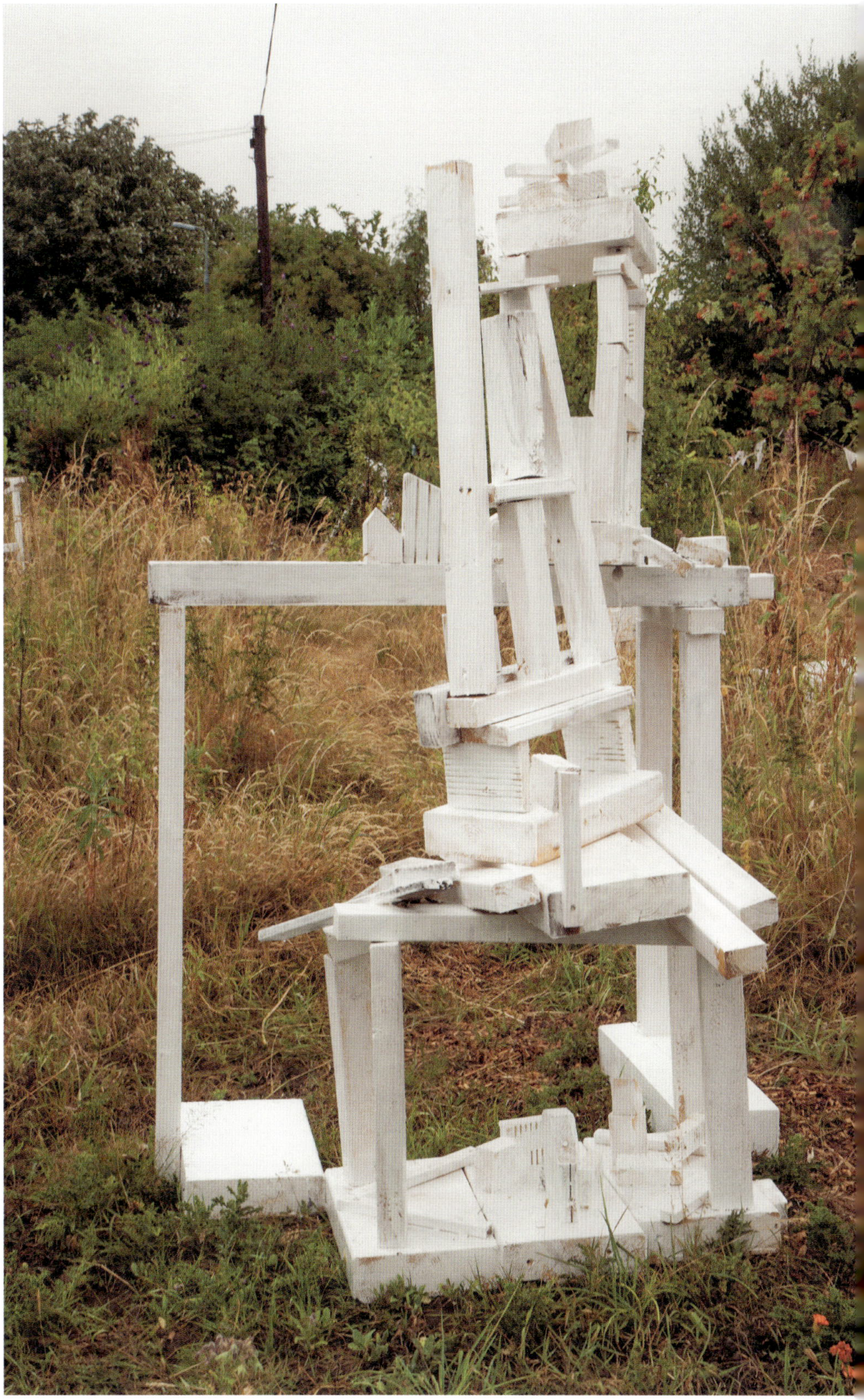

CLÉMENT COGITORE

Jean-Charles Vergne

Futur antérieur

Clément Cogitore élabore une œuvre singulière et splendide de sensibilité dans la façon dont il utilise les différents langages offerts par l'image en mouvement pour développer une pensée très ouverte sur de multiples sujets mais toujours tenue par quelques grandes questions qu'il explore au fil de ses créations. Son œuvre possède cette rare qualité de s'enraciner autant dans le cinéma que dans les dispositifs propres à l'art contemporain. Ainsi, son premier long-métrage, *Ni le ciel, ni la terre*, est salué en 2015 par une nomination pour le César du meilleur premier film et par plusieurs nominations au Festival de Cannes. Conjointement, ses films, vidéos, installations et photographies sont diffusés dans les lieux dédiés à la création contemporaine – Centre Pompidou, Palais de Tokyo, MoMA, etc. Ce parcours passionnant explorant toutes les formes est révélateur d'un art autant concerné par le statut de l'image que par les structures narratives dont l'installation *The Evil Eye*, conçue pour le Prix Marcel Duchamp, constitue un aboutissement.

Ses films sont habités par une grande hétérogénéité de sujets : disparitions inexpliquées de soldats français en Afghanistan [*Ni le ciel, ni la terre*], conflit entre deux familles installées en communautés autarciques aux confins de la Sibérie [*Braguino*], phénomènes acoustiques étranges lors d'aurores boréales [*L'Intervalle de résonance*], danseurs de KRUMP évoluant sur la scène de l'Opéra Bastille sur une musique de Rameau [*Les Indes galantes*], lâcher de papillons dans la grotte de Lascaux [2017]... Bien que rien ne semble pouvoir réunir l'ensemble de ces productions, l'univers de Clément Cogitore est pourtant traversé par la récurrence de thèmes dont l'exploration sert de fondation à sa pensée : perception d'une réalité parcourue d'irrationnel, rémanence de schémas archaïques,

Previous future

Clément Cogitore creates his unique and wonderfully sensitive work by using the different languages offered by film to develop a very broad vision of a multitude of subjects but which are always linked by the central themes he explores throughout his artistic creations. His work has that rare quality of being rooted as much in cinema as other mediums unique to contemporary art. Thus, his first full-length film *Ni le ciel, ni la terre*, was nominated for a César in 2015 for best first film and had several nominations at the Cannes Film Festival. Collectively, his films, videos, installations and photographs have been shown in places devoted to contemporary creation such as the Centre Pompidou, Palais de Tokyo, MoMA, etc. This passionate career exploring different mediums has led to an art concerned just as much with the status of the image as with narrative constructions, successfully culminating in *The Evil Eye*, an installation designed specifically for the Marcel Duchamp Prize.

His films cover a diverse range of subjects: unexplained disappearances of French soldiers in Afghanistan (*Ni le ciel, ni la terre*), conflict between two families living in self-sufficient communities on the edge of Siberia (*Braguino*), strange acoustic phenomenon during the aurora borealis (*L'Intervalle de résonance*), KRUMP dancers moving around the stage of the Bastille Opera to the music of Rameau (*Les Indes Galantes*), a release of butterflies in the Lascaux caves (2017)... Although nothing seems to actually unite the ensemble of his productions together, Clément Cogitore's universe is nevertheless inhabited by recurring themes. Exploring these themes is the basis of his thinking: perception of a reality dotted with irrationality, a return to archaic schemas, primitivism, survival of the sacred, magic penetrating into a world losing its belief in transcendence, figures taken from great apocalyptic stories... Ancient forms are updated using current modes of image perception where technology and the internet have supplanted magic but where the unconscious is undoubtedly on a quest for belief.

primitivisme, survivance du sacré, percolation du magique dans un monde en perte de transcendance, figures empruntées aux grands récits apocalyptiques... Les formes anciennes se réactualisent dans nos modes actuels de perception des images où la technologie et le réseau ont supplanté la magie mais où la croyance demeure sans doute la quête inconsciente.

Avec *The Evil Eye*, il aborde une relation aux images et aux grands récits fondée sur l'emploi de vidéos issues des banques d'images [Getty, Shutterstock...], grandes pourvoyeuses de formes destinées aux fins publicitaires et télévisuelles les plus diverses. Tournées sur fond vert, elles opèrent une sommation de postures stéréotypées, de gestuelles génériques adaptables à l'envi sur des décors ajoutés en postproduction. Elles participent d'une histoire étonnante des techniques de manipulation et de persuasion des foules, issues des premières théories de la psychologie des masses de Gustave Le Bon à la fin du XIXe siècle et des techniques inventées par Edward Bernays. Ce dernier, d'abord conseiller pour le gouvernement américain en 1916 afin d'obtenir de la population le consentement pour une entrée en guerre impopulaire, fut au service des plus grandes compagnies américaines pour la mise en place des stratégies consuméristes les plus redoutables. Le fond vert, quant à lui, trouve ses sources dans les premières surimpressions expérimentées par Georges Méliès dès la fin du XIXe siècle, avant son emploi intensif en publicité comme au cinéma, avec la vidéo analogique puis avec le numérique. En procédant à la sommation de ces images sans qualité, surexposées par la puissante luminescence d'un écran de leds monumental, Clément Cogitore révèle la vision dystopique d'un bonheur saturé de sourires, de mouvements de chevelures au ralenti, de beautés artificielles dévitalisées, véritables injonctions hypnotiques destinées à susciter les instincts d'achat les plus inconscients. Sur les images, une voix de femme adresse à l'être aimé une supplique incantatoire : elle est la voix clamant dans le désert d'un matérialisme totalitaire, voix suppliante, vindicative, prédictive. Entre archaïsmes et récits apocalyptiques actuels, elle accompagne les images d'un chant élégiaque de plainte et de terreur adressé à une humanité en déréliction.

With *The Evil Eye*, he touches on our relationships with images and grand narratives using videos from image banks (Getty, Shutterstock...), grand purveyors of forms intended for the most diverse advertising and television purposes. Filmed on a green background, they are an accumulation of stereotypical postures, of common gestures adapted to suit the decors added postproduction. They are part of an astonishing history of techniques for manipulating and persuading the masses, descending from the first theories on crowd psychology by Gustave Le Bon in the late Nineteenth century and techniques invented by Edward Bernays. The latter, initially adviser to the American government in 1916 for obtaining the consent of the population to enter into an unpopular war, worked for the biggest American companies, implementing the most impressive consumerist strategies. As for the green background, it finds its origins in the first double exposures tested by Georges Méliès in the late nineteenth century, before being used more intensively in both advertising and cinemas, with analogue and then digital video. By using an accumulation of these poor quality images, over exposed by the strong luminescence of vast led screens, Clément Cogitore reveals a dystopian vision of happiness saturated with smiles, hair moving in slow motion, of lifeless artificial beauties, veritable hypnotic orders intended to arouse the buying instincts of the most unaware viewers. Over the images, a woman's voice addresses loved ones with an incantatory plea: she is the proclamatory voice in the desert of totalitarian materialism, an imploring voice, vindictive, predictive. Between archaisms and contemporary apocalyptic narratives, it accompanies the images with an elegiac song of lamentation and terror addressed to a humanity in dereliction.

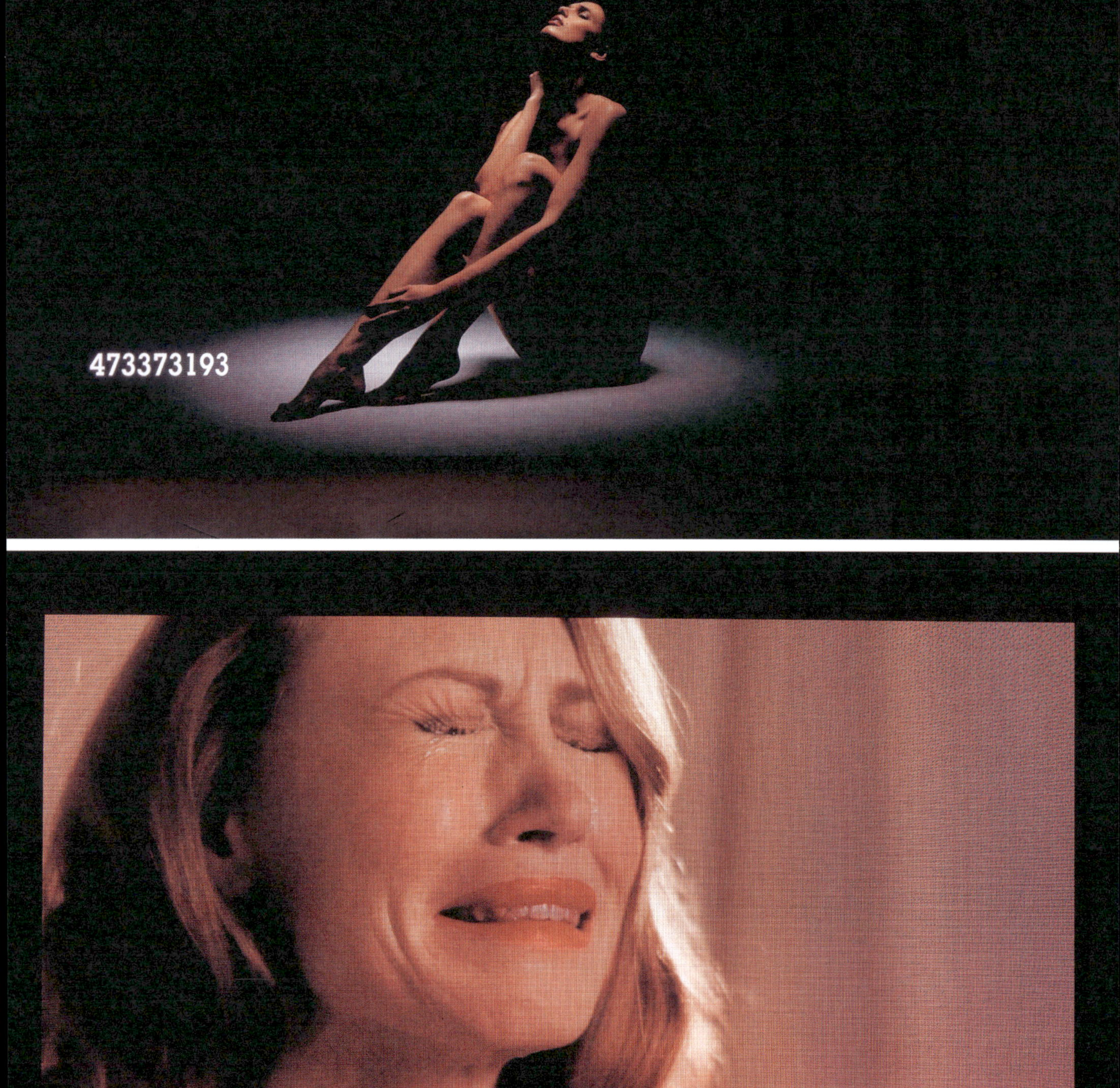
473373193
509217274

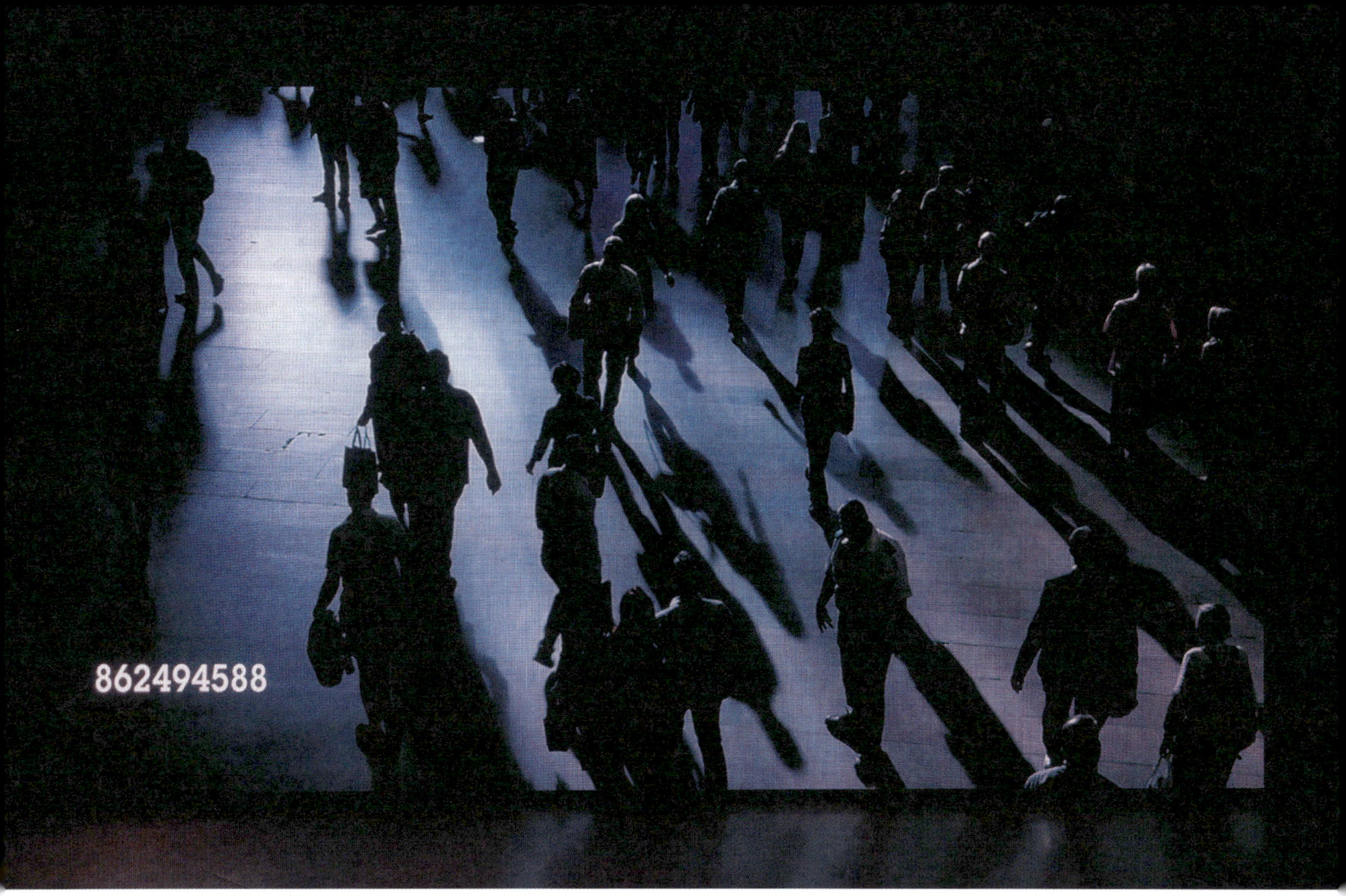

862494588

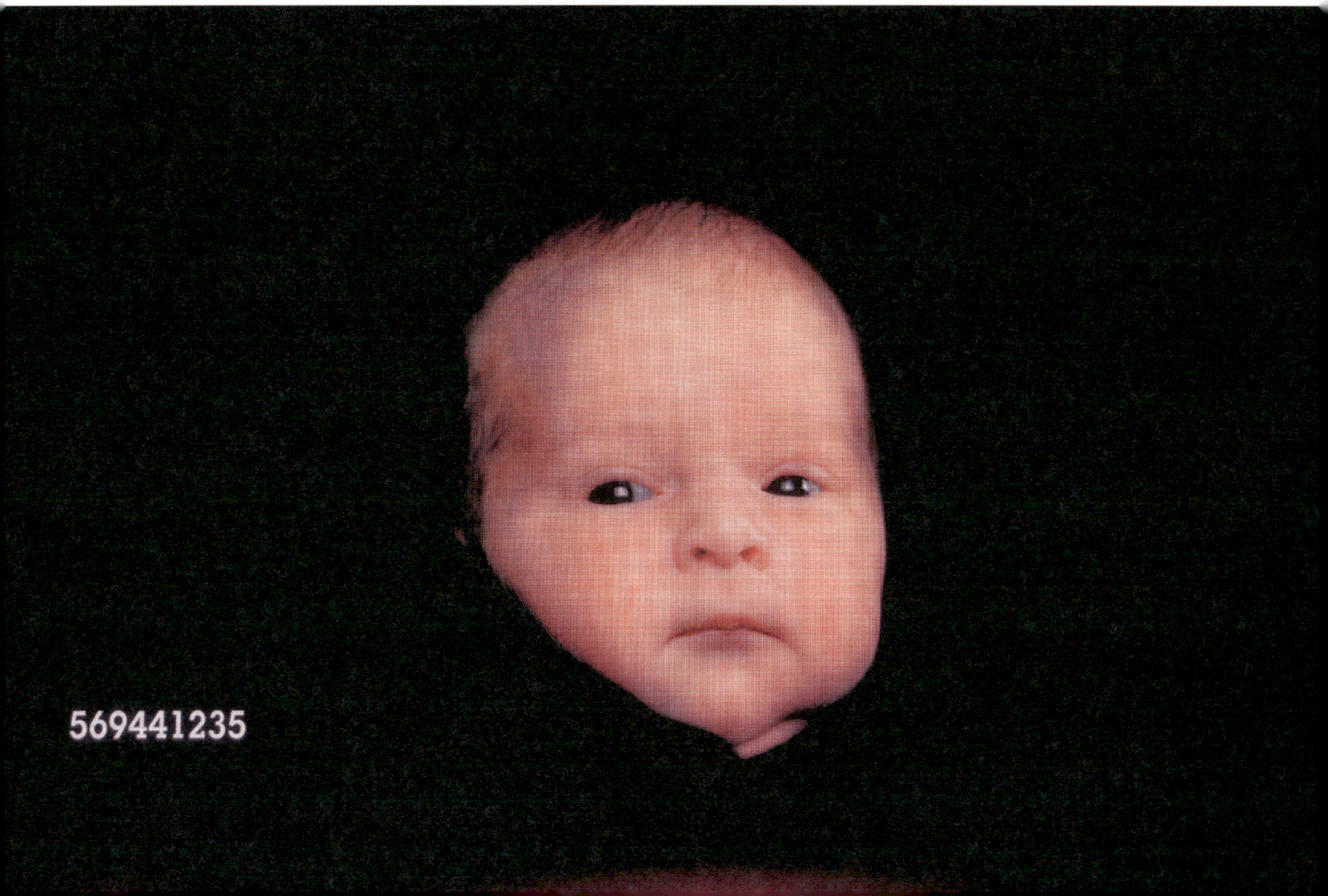

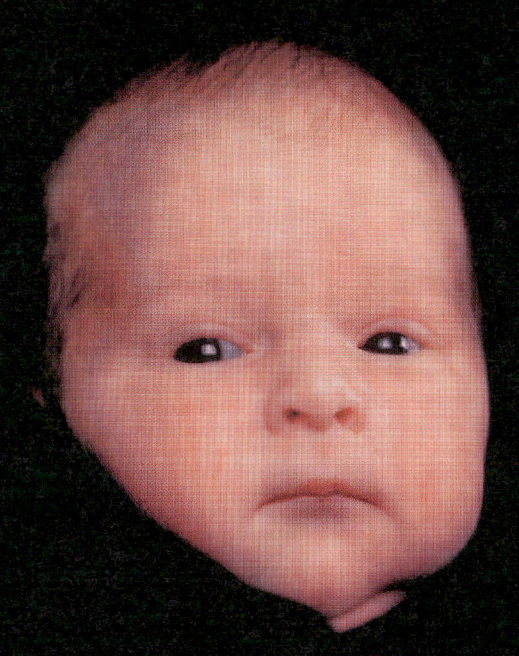

569441235

Clément Cogitore
The Evil Eye
2018
Installation vidéo / *Video installation*
15'
Courtesy Galerie Eva Hober,
Galerie Reinhard Hauff

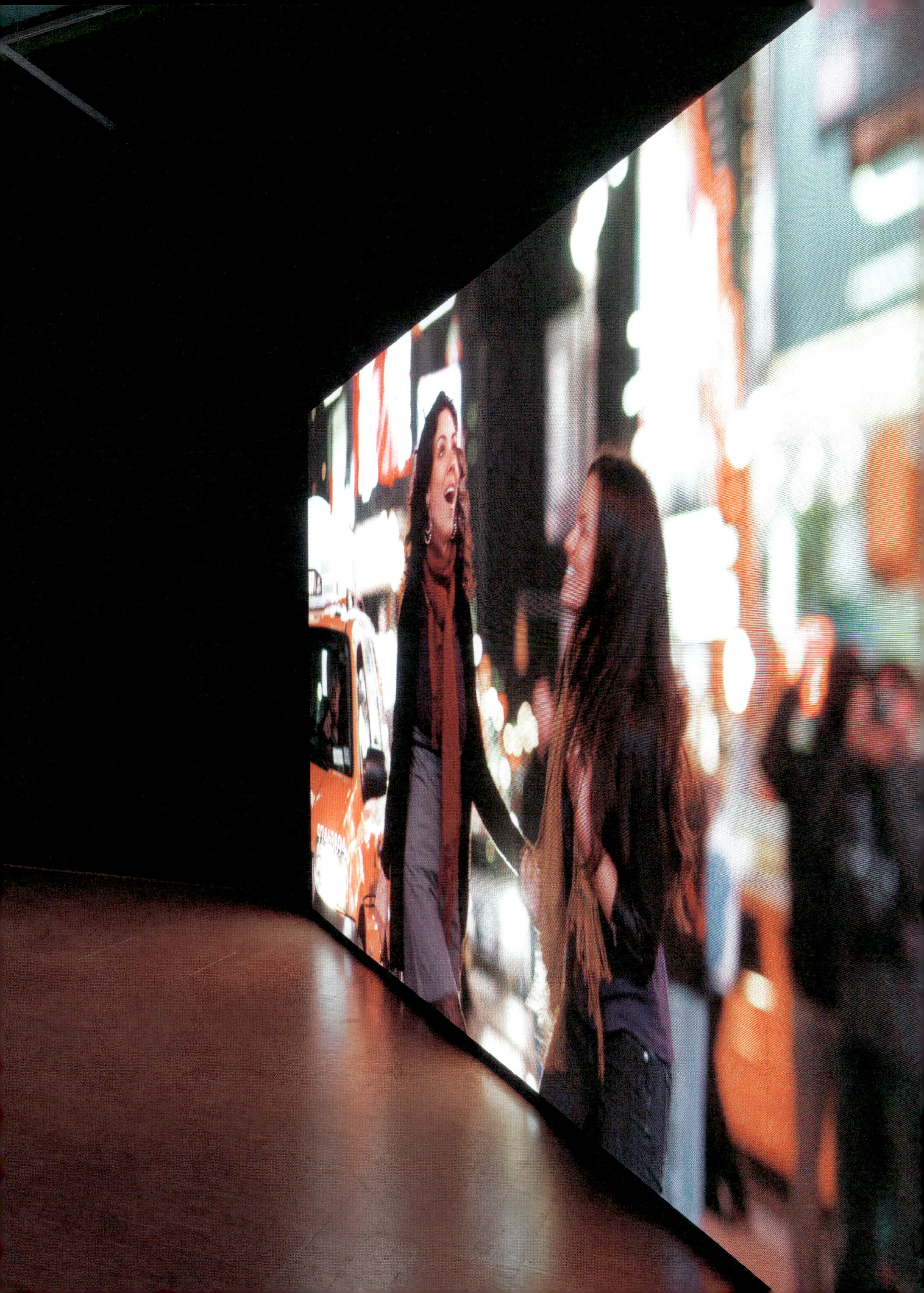

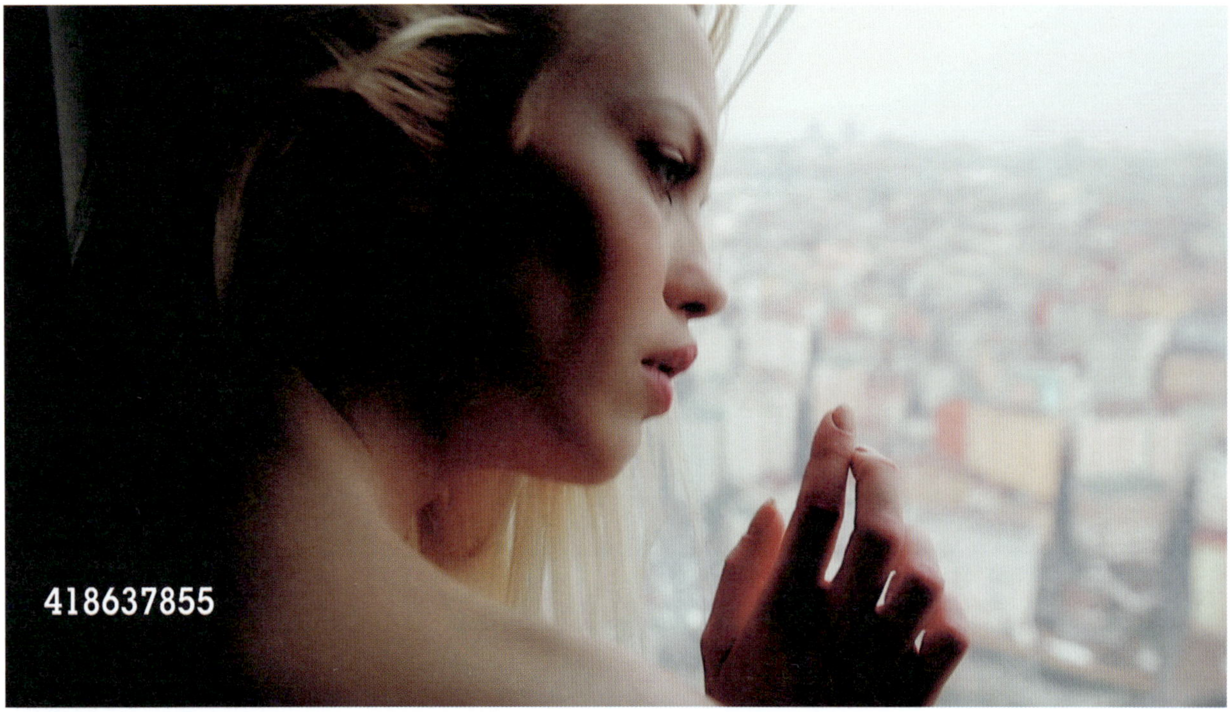

418637855

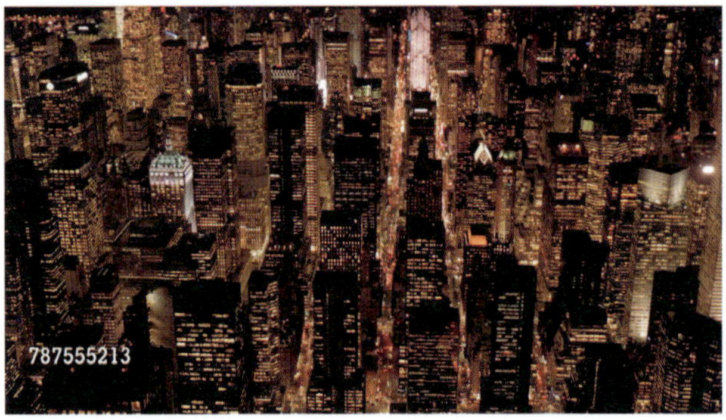

787555213

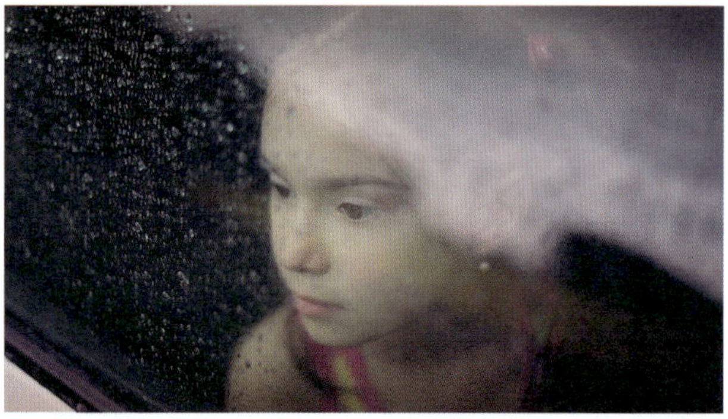

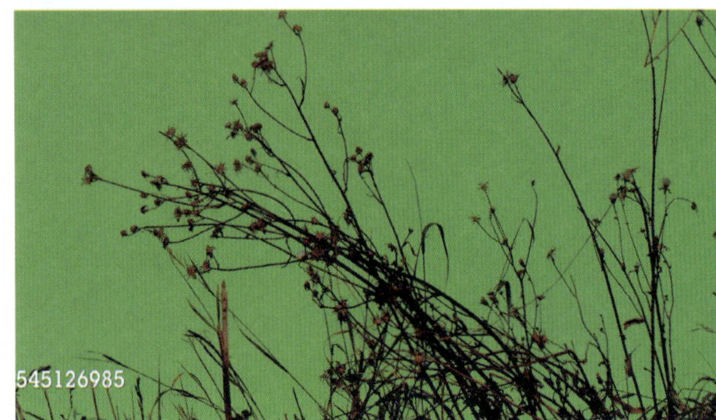

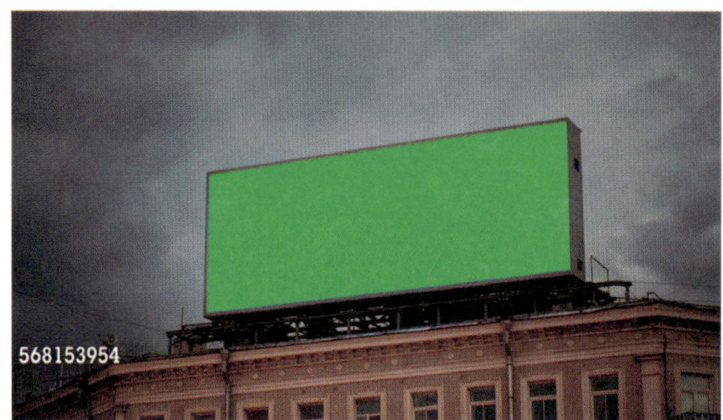

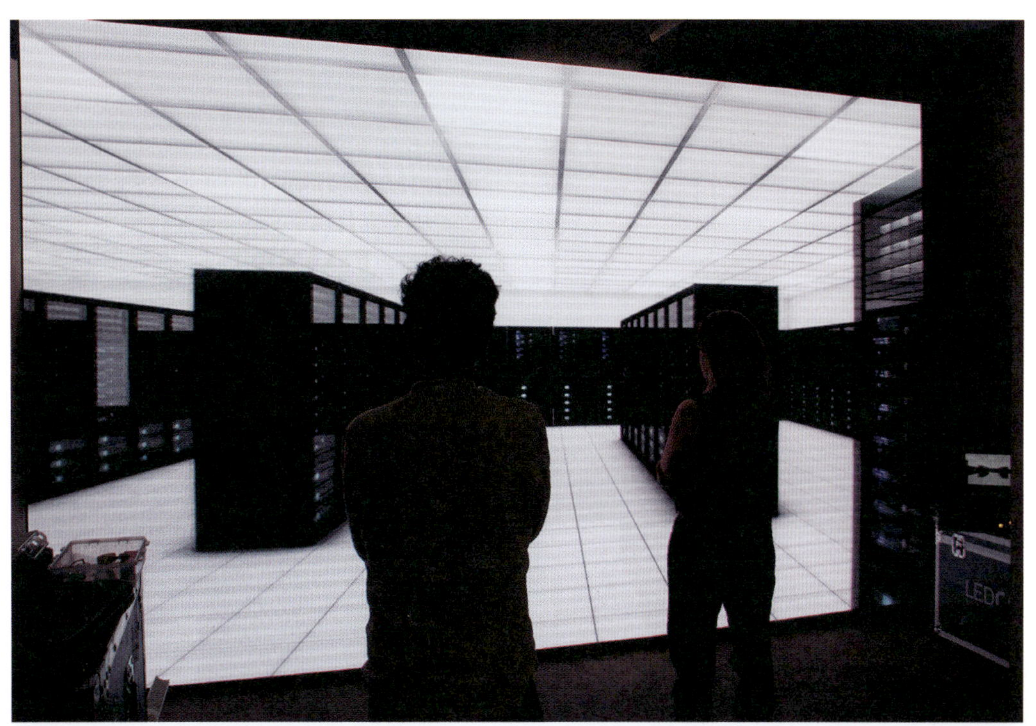

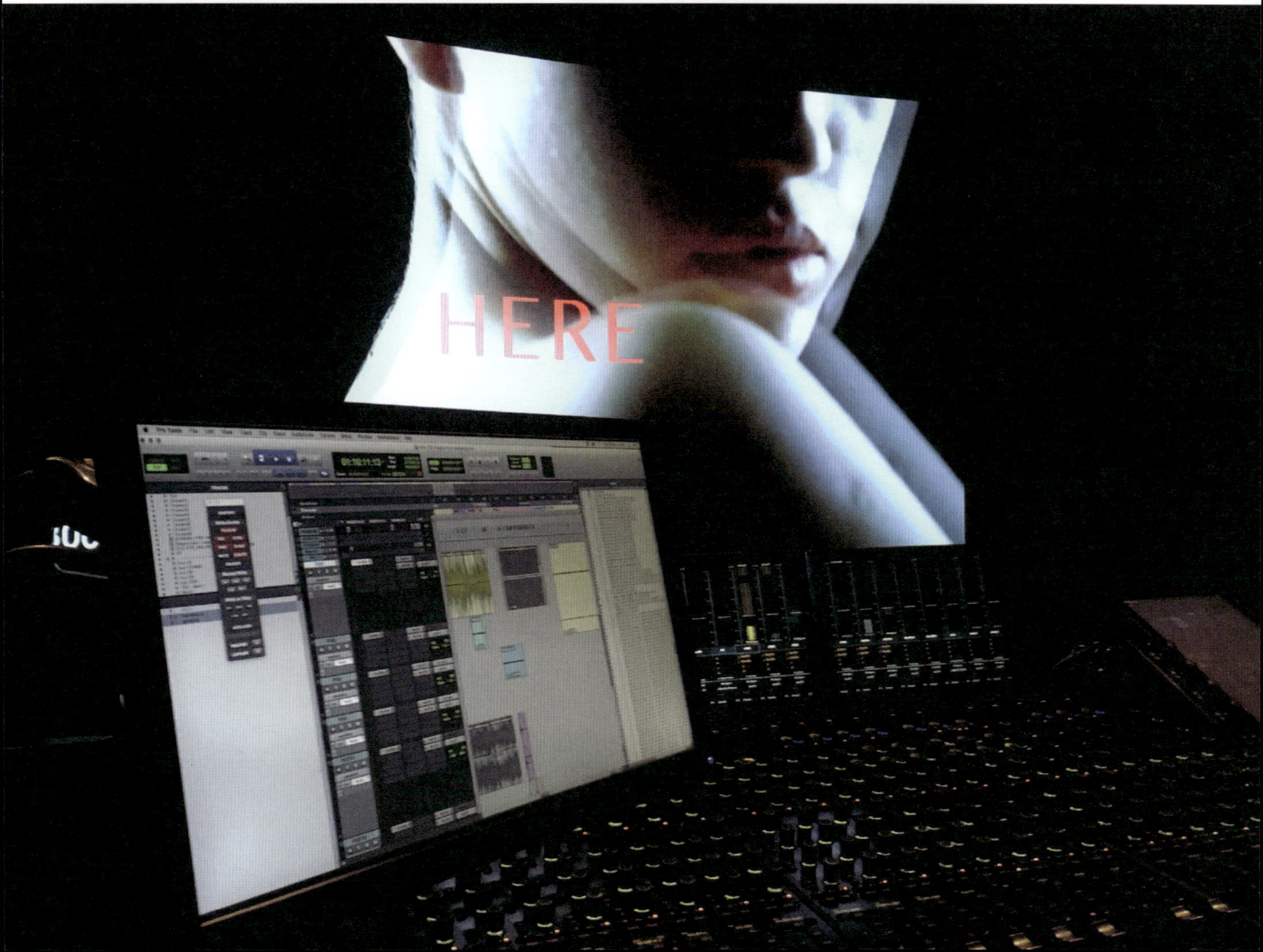

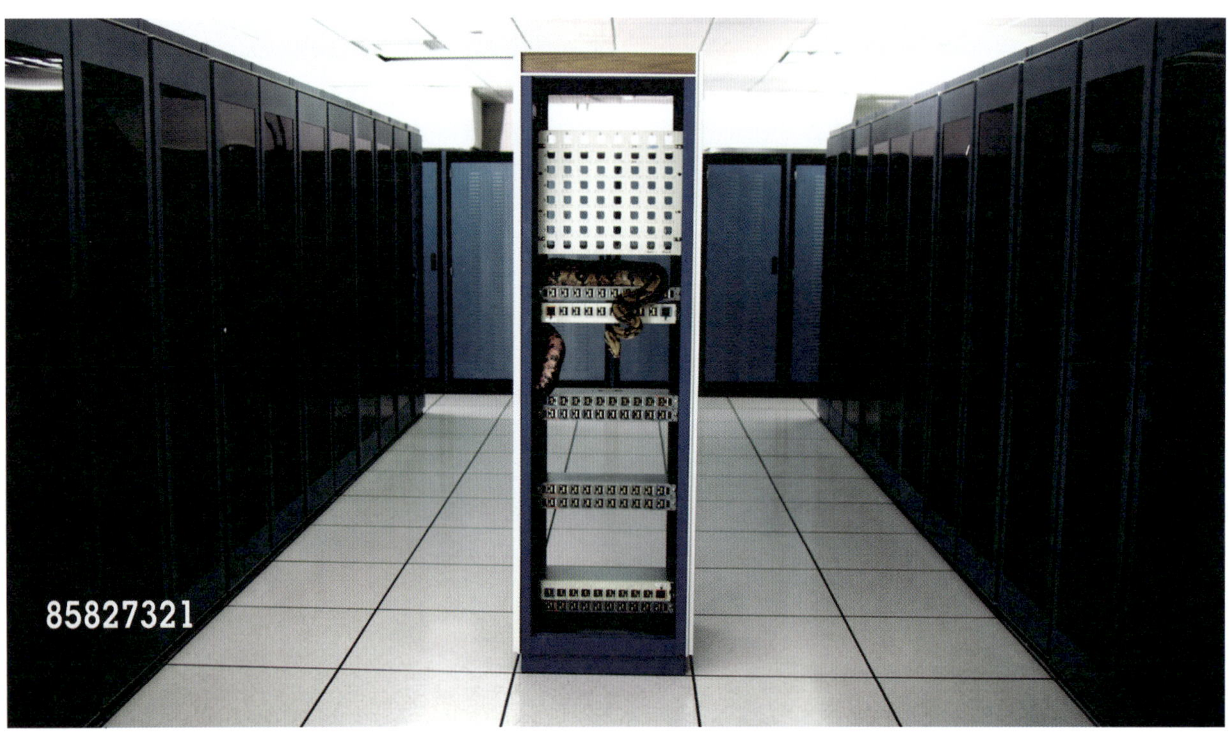
85827321

704185389 Woman pretending to use an invisible screen against Chroma Key background 931094287 Team of business executives discussing over invisible screen against green background 004285870 Chromakey alfa chanal composing with nice field grass swaying under the blows of wind 052841956 light green background enigmatically, being shot with a steadicam camera in summer 390057951 Hands of a nervous woman sitting on the sofa 048910987 Baby boy being held up by man in green suit to give the allusion of a flying baby 930568004 Lonely woman looking through window to city view 619566729 Beautiful woman opening curtains, looking out the window and enjoying her morning coffee. Beauty girl drinking coffee. High speed camera shot 631094385 Close up of an isolated baby's face on black 810538755 Police siren or emergency concept 210573310 Hurricane Katrina (2005) Landfall Doppler Radar Time Lapse / loop. Created (in part) using archived NEXRAD Data from the National Weather Service which is not subject to copyright protection 944199930 Lockdown shot of smiling senior woman. Portrait of happy female is with hand on chin. She is in maroon casuals against black background 892452796 Young woman walking naked in the dark 862699506 Young elegant woman touching virtual green screen 862494588 Silhouettes and shadows of pedestrians commuting on public space. Busy city life in modern metropolis - Crowd of people going to work at rush hour 861999224 Young business woman standing against a green background. Financial employee acting in front of green screen for Chroma Key - Attractive brunette manager talking in front of green screen 861160510 Young scientist working on a project. Virtual reality. Green screen 615462520 Studio shot of attractive redhead woman tossing her healthy, long hair. Super slow motion 562629097 Close up rear view of woman in dress dancing and moving hips 509836140 Portrait of adult arabic female looking to camera 509217274 Woman crying 469333999 CU young woman shaking head looking to camera hair blowing in wind across face and smiling 460580301 Slow Motion shot of a mid-adult businesswoman standing in the rain 173046383 The face of a beautiful woman. She displays different emotions such as coy, wonder 162916783 HD Super Slow Motion shot of a Harris hawk flying across the sky. Recorded at 1050 fps 156961324 Fly through Servers in a Data Center. 30 seconds shot, loopable 140806745 Businesswoman climbing a steps 94143929 Senior woman looking away and blowing a kiss London, England, UK 85827348 WS Naked woman sleeping on floor in server room 85827324 DS Snake coming into server case in server room 85827322 CU DS TD Rear view of naked woman walking in server room 85827321 WS DS CU Snake on server rack in middle of server room 79984357 CU Woman looking out window in back seat of taxi driving through city at night / Manhattan, New York

THE EVIL EYE

Montage / Editing : Félix Rehm / *Images* : Getty, Shutterstock / *Musique originale / Original music* : Eric Bentz / *Voix / Voices* : Michelle Noteboom / *Montage son, Mixage / Sound editing, Mixing* : Julien Ngo Trong / *Mixage in situ / In situ mixing* : Guillaume Couturier / *Mastering, Mixage DCP /* : Vincent Cosson / *Directrice de post-production / Post-production manager* : Eugénie Deplus / *Assistante de l'artiste / Artist's assistant* : Clara Labrousse / *Assistant Montage / Editing assistant* : Baptiste Verrey / *Laboratoire, Conformation / Laboratory, On-line editing* : M141 / *Régie technique / Technical production* : Thomas Leblanc / *Écran / Screen* : RED DOT / *Construction* : JIPANCO

Production : Galerie Eva Hober / NoirmontArtproduction / Kazak Productions

Kazak Productions
Producteur délégué/ Deputy producer : Jean-Christophe Reymond / *Producteur associé / Associate producer* : Amaury Ovise / *Administratrice de production / Administrator* : Estelle Brevet-Philibert
En coproduction avec / *In coproduction with* ARTE / Avec le soutien du / *With the support of the* CNAP – Image Mouvement

Musique additionnelle / *Additional music*
« No stars again shall hurt you »
Henry Purcell, « The Tempest »
Ensemble La Fenice

Remerciements / *Acknowledgements*
Eva Hober, Jérôme de Noirmont, Philippe Brachet, Nadja Dumouchel, Daria de Beauvais, Anaël Pigeat, Jean-Charles Vergne, Marcella Lista - Centre Pompidou, Musée national d'art moderne, ADIAF, Elsa Klughertz, Anna Milone, Thibault Carterot

THU-VAN TRAN

Katerina Gregos

Taches, traces et témoins silencieux

Au cours des dix dernières années, l'artiste franco-vietnamienne Thu-Van Tran a produit un corpus d'œuvres combinant différents registres conceptuels, culturels et matériels. La dualité de ses origines a structuré sa pratique. Soutenue par des recherches approfondies sur les traumatismes historiques et politiques, la mémoire, l'héritage du colonialisme, la question du travail et des droits des ouvriers, elle crée une œuvre allégorique faite de tissages. La place réservée à la connaissance, au récit, à l'écriture et à l'expérience de la lecture est fondamentale dans son œuvre. Elle s'y réfère lorsqu'elle s'exprime au sujet de l'effacement par l'oubli ou la censure. La question de l'obscurité [dystopie, barbarie, censure] et de la lumière [utopie, illumination, connaissance] est récurrente, et elle étaye son analyse des périodes sombres de la colonisation, telle que sa recherche sur les origines et l'histoire des plantations d'hévéas.

Son installation pour le Prix Marcel Duchamp s'impose tout d'abord par deux grandes fresques murales, *Les Couleurs du gris* dominant l'espace, tel un vaste champ gris. Celui-ci, achromatique et non-représentatif, paraît dédié à la contemplation, tant il semble revêtir une autorité sacrée. L'espace dénudé et l'abstraction ne sont qu'illusoires puisqu'ils révèlent plusieurs strates de matérialité, d'images et de sens. Cette œuvre est en réalité le prolongement de la persévérante exploration de la sémantique de la couleur entreprise par Thu-Van Tran : le gris est un mélange des six couleurs qui ont donné leur nom aux défoliants utilisés par l'armée américaine pendant la guerre du Vietnam [les agents orange, violet, bleu, vert, rose et blanc].

Ce champ gris devient alors l'écran matériel et conceptuel au film 16 mm *Si rien ne sort d'ici*. Découpé en quatre « respirations », nom que leur donne l'artiste, il se focalise sur quatre gestes et pensées.

On Stains, Traces and Silent Witnesses

Over the last ten years, the French-Vietnamese artist Thu-Van Tran has built up a body of work that combines different conceptual, cultural and material registers. Central to her practice is the duality of growing up in two cultures. Undertaking thorough research into historical and political trauma, memory, the legacy of colonialism, labour issues and worker's rights, she creates an allusive and subtle weaving of themes, material practices and images. An important aspect of her work is the cultural significance of text, reading, writing and knowledge. This recurs is most evident in her works on erasure or censorship. The question of darkness (dystopia, barbarism, censorship) and light (utopia, enlightenment, knowledge) recurs in several of the artist's works. This also relates to her exploration of dark colonial histories, as in her research into the origins and history of the rubber plantations.

Tran's project for the Prix Marcel Duchamp consists of two imposing large site-specific wall paintings, Les *Couleurs du Gris* (Colours of Grey), which dominate the space, as an expansive grey field. The paintings, non-pictorial and achromatic, create a contemplative, almost sacred space. Yet this pared-down space and abstraction is deceptive, revealing different layers of materiality, image and meaning. The work is, in fact, a continuation of Tran's long-term investigation into the semantics of colour: the grey is produced by mixing six different colours that gave their name to the defoliants used by the US military during the Vietnam War (agent orange, purple, blue, green, pink, white).

This grey field serves as the material and conceptual backdrop for the 16mm film *Si rien ne sort d'ici* (If nothing comes out from this). The film is separated into what the artist calls four 'breaths', and focuses on four gestures and thoughts. Scene one shows plaster casts being broken, revealing letters of the alphabet that compose the phrase 'Si rien ne sort d'ici' ('If nothing comes out from this'). This is a symbolic gesture that refers to the birth of language. Scene two shows a group of female Filipino domestic workers in Hong Kong who gather in public space on Sundays, as if in silent protest. Scene three depicts a volcanic eruption, a telluric force that

La première scène montre des moules en plâtre que la main du sculpteur casse libérant les lettres de l'alphabet. Ainsi s'énonce la phrase « Si rien ne sort d'ici ». Geste symbolique qui fait référence à la naissance du langage. La deuxième scène montre un groupe de domestiques philippines à Hong Kong qui tous les dimanches occupe l'espace public en signe de protestation muette. La troisième scène dépeint un volcan en pleine éruption, une sorte de jouissance irréversible, une force tellurique qui hante les rêves de l'artiste, tout comme la moiteur des forêts tropicales. Quant à la dernière scène, elle revient sur le motif de l'arc-en-ciel pour un moment de beauté et de rédemption. La succession des gestes et des images n'apporte en réalité que des moments de « délivrances ». Le titre, *Si rien ne sort d'ici*, est pour l'artiste un dictat, adressé à la création, un geste de libération en soi.

Le dessin *Traînée de poussière* arbore lui aussi ces mêmes six couleurs. Cette méticuleuse et lente composition crée un paysage dense, menaçant et toxique que Thu-Van Tran a alors taché des six couleurs des défoliants. Cette œuvre renvoie aux estampes et lavis classiques des paysages d'Asie, paysages qui portent aussi les stigmates des interventions étrangères, de la guerre, des persécutions et de l'exploitation, tout en insufflant la poésie d'une évanescence.

Enfin, *Sois le bienvenu* est une sculpture constituée d'un ensemble de lettres fossilisées et détériorées par la matière même. Une lecture attentive permet d'en distinguer le sens : *welcome* [bienvenue]. Au regard des crises migratoires mondiales [une situation à laquelle Thu-Van Tran et sa famille ont été confrontées 35 ans auparavant], l'artiste suggère que ce mot a perdu son sens. Cette œuvre est constituée d'algues instables et produit un paysage minéral fluctuant. Ce sont ces mots forts de sens et généreux [*Viens, Sois le bienvenu*] que l'artiste cherche à re-situer dans notre présent tout en les adressant à notre imaginaire. Le geste duchampien n'était-il pas celui d'emmener un objet et une phrase, en un rendez-vous réussi, sur la trajectoire d'une transformation ?

Thu-Van Tran fusionne avec talent recherche conceptuelle, conscience critique, geste esthétique et ouvrage méticuleux. Son œuvre, visuellement captivante, est plus politique et métaphorique que didactique ou moralisatrice. La forme et le processus de création prennent une place égale au contenu : une critique des injustices de l'histoire et des récits fondateurs, dont la solution serait logée dans la forme subjective d'une historiographie corrective. La pratique de Thu-Van Tran fait écho à l'affirmation de Marguerite Duras : « C'est dans la reprise du temps par l'imaginaire que le souffle sera rendu à la vie »[1].

[1] Vircondelet, A., *Duras: A Biography*, traduction Thomas Buckley, Dalkey Archive Press, 1994, VII.

haunts the artist, as does the overbearing humidity of the tropical forests. The last scene returns to the motif of the rainbow in a moment of beauty and redemption. The succession of gestures and images infers different 'liberations' of sorts. The title, Si rien ne sort d'ici, is a phrase that, for the artist, is a call to utterance, to expression and, finally, to an emancipation of the self.

The same six colours are also used in the drawing *Trail Dust*. This meticulously composed hand-drawn image creates a dense, ominous, toxic landscape, which Thu-Van Tran has also stained with defoliant colours. This work constitutes a true South-East Asian landscape, one scarred and stained, physically and mentally, by foreign intervention, war, persecution and exploitation, but also inspiring a poetry of evanescence.

Finally, *Sois le Bienvenu* (Welcome), is a sculpture consisting of a deliberately broken ensemble of fossilized-looking letters which when observed carefully read 'Welcome'. In light of the global migration crises (which Thu-Van Tran and her family experienced thirty-five years ago), the artist suggests that the word 'welcome' has lost its meaning. The work is made of algae, an unstable material that produces a changing mineral landscape. The artist seeks to re-site these words full of meaning and generosity (come in, welcome), in the present, while also addressing the social imaginary. This work is much in line with the Duchampian gesture of bringing an object and a phrase into a transformative encounter.

Thu-Van Tran successfully combines research, conceptualism, critical awareness, meticulous, labour-intensive production and aesthetics. Her work is visually engaging, political and allusive, rather than didactic or moralising. Form and process bear equal weight to content: her critique of historical injustice and master narratives and her remedy: a subjective form of corrective historiography. Thu-Van Tran's practice reminds us of Marguerite Duras' statement "When the past is recaptured by the imagination, breath is put back into life."[1]

[1] Vircondelet, A, *Duras: A Biography*, trans. Thomas Buckley, Dalkey Archive Press, 1994, VII.

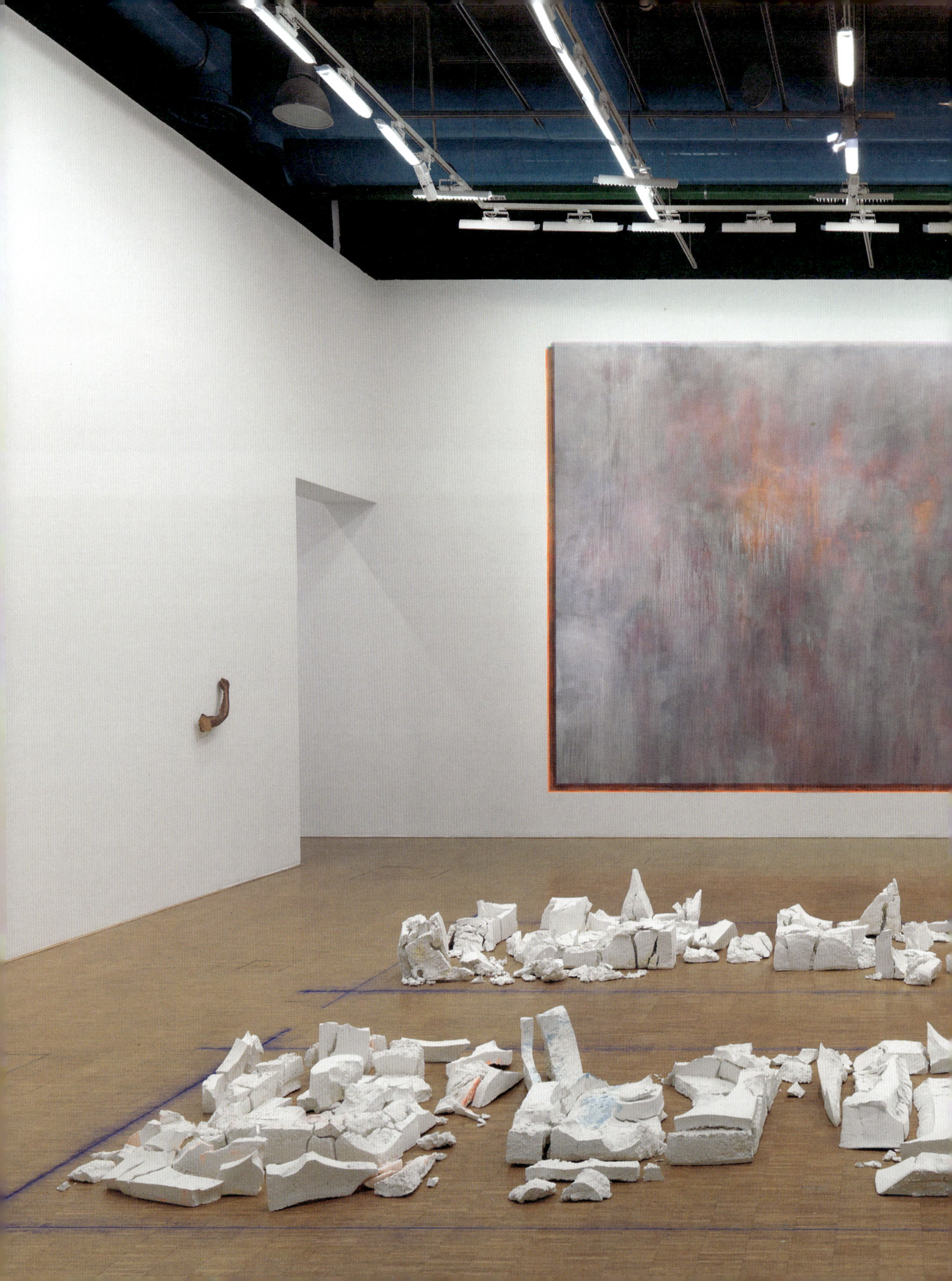

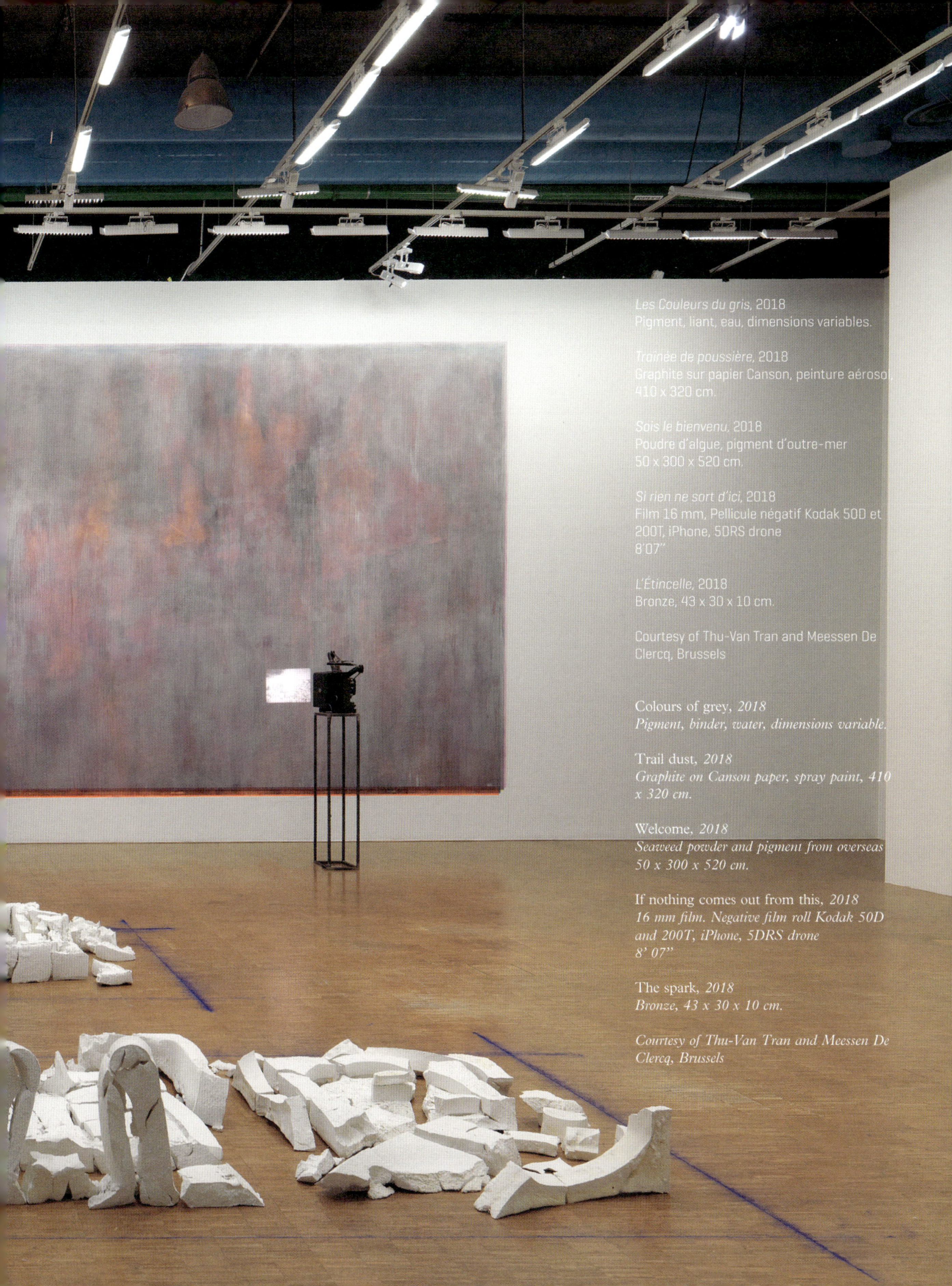

Les Couleurs du gris, 2018
Pigment, liant, eau, dimensions variables.

Traînée de poussière, 2018
Graphite sur papier Canson, peinture aérosol, 410 x 320 cm.

Sois le bienvenu, 2018
Poudre d'algue, pigment d'outre-mer
50 x 300 x 520 cm.

Si rien ne sort d'ici, 2018
Film 16 mm, Pellicule négatif Kodak 50D et 200T, iPhone, 5DRS drone
8'07"

L'Étincelle, 2018
Bronze, 43 x 30 x 10 cm.

Courtesy of Thu-Van Tran and Meessen De Clercq, Brussels

Colours of grey, *2018*
Pigment, binder, water, dimensions variable.

Trail dust, *2018*
Graphite on Canson paper, spray paint, 410 x 320 cm.

Welcome, *2018*
Seaweed powder and pigment from overseas
50 x 300 x 520 cm.

If nothing comes out from this, *2018*
16 mm film. Negative film roll Kodak 50D and 200T, iPhone, 5DRS drone
8' 07"

The spark, *2018*
Bronze, 43 x 30 x 10 cm.

Courtesy of Thu-Van Tran and Meessen De Clercq, Brussels

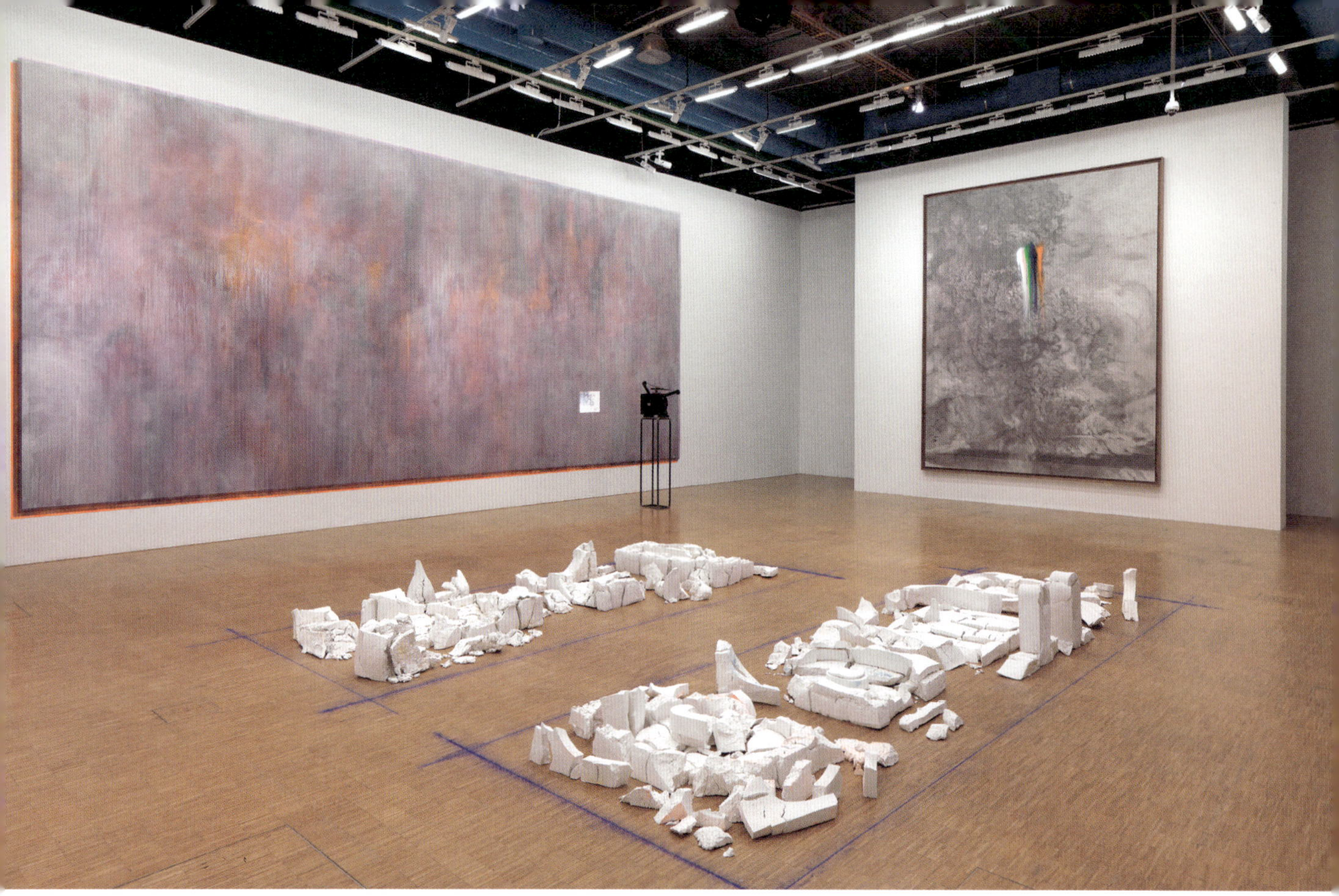

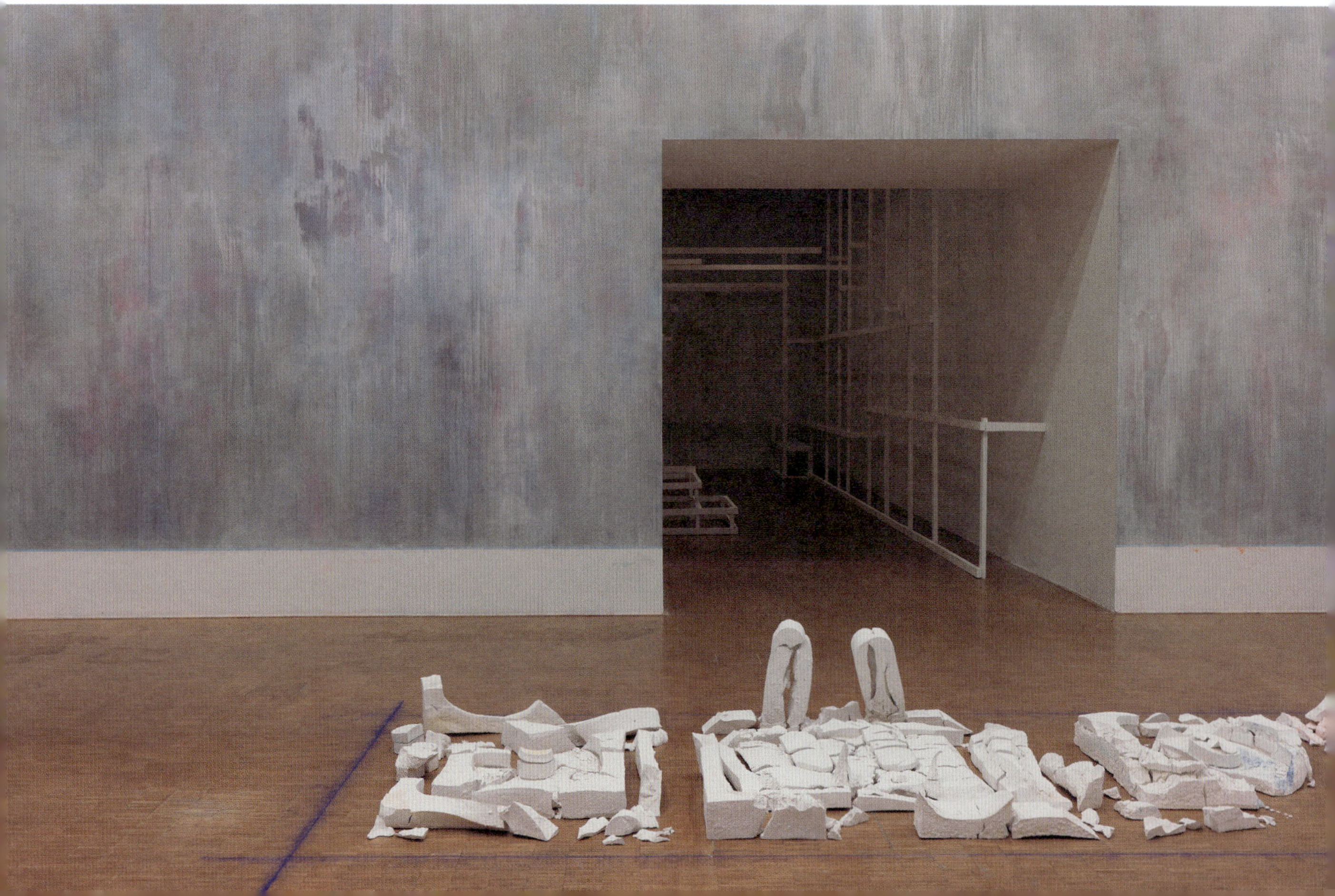

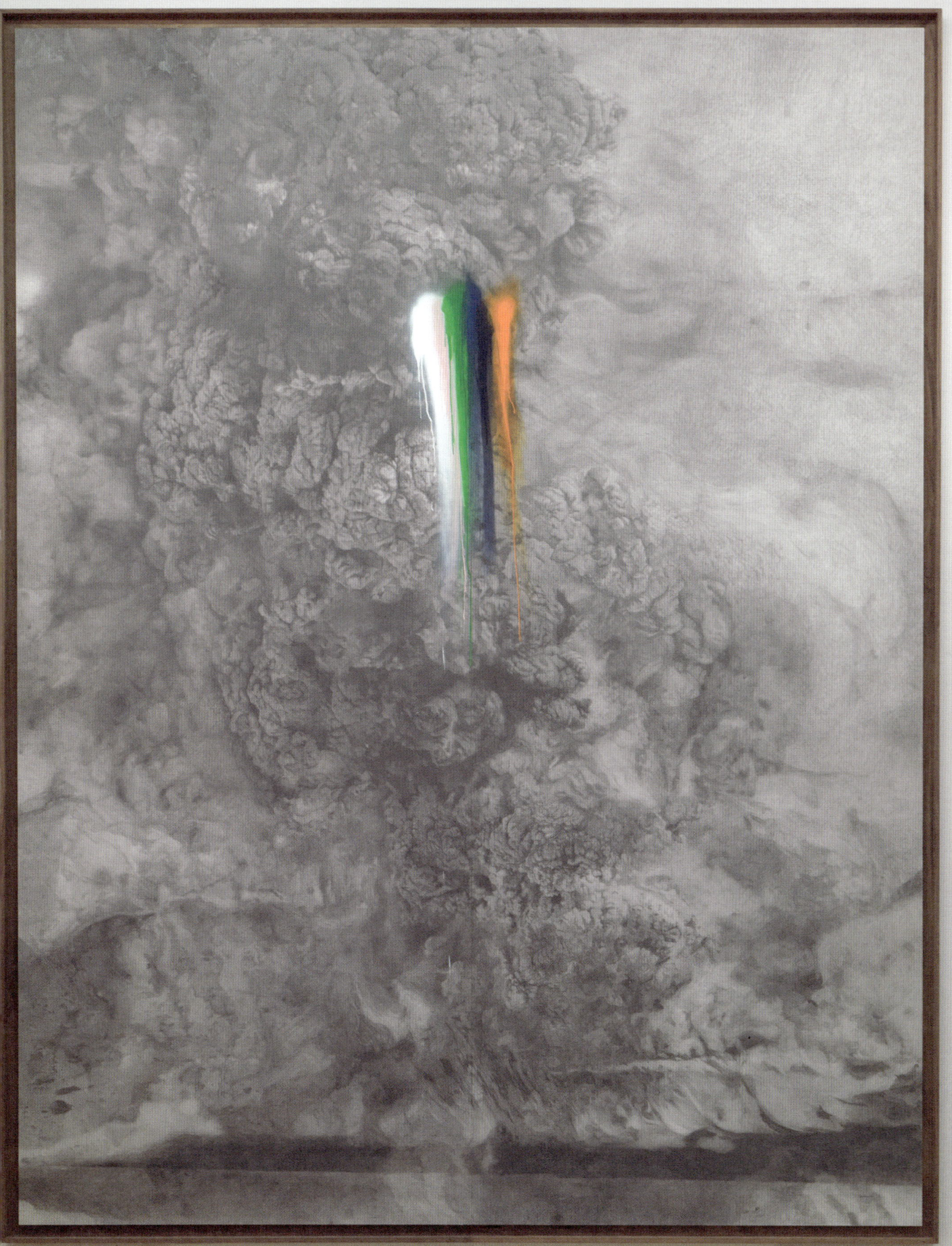

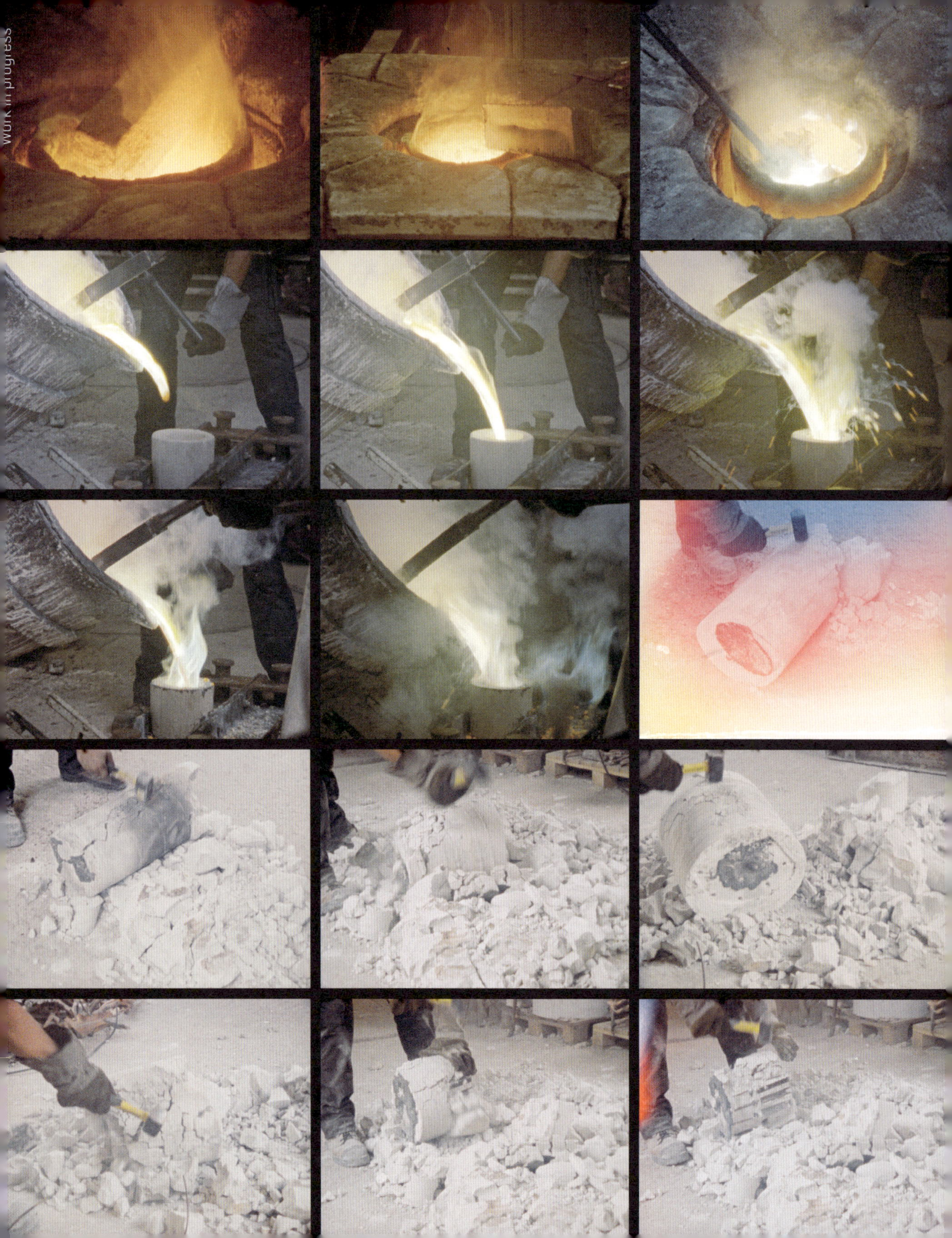

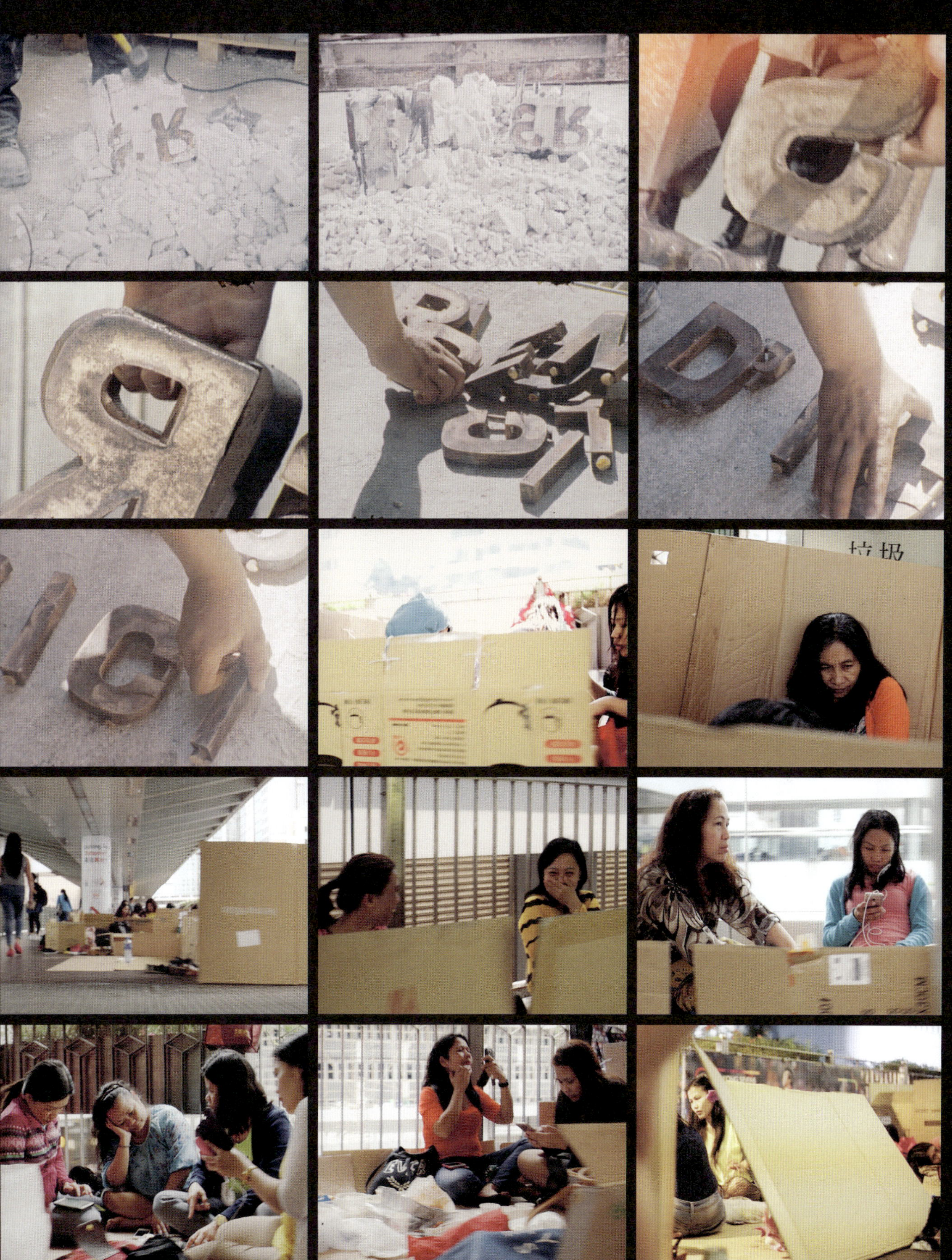

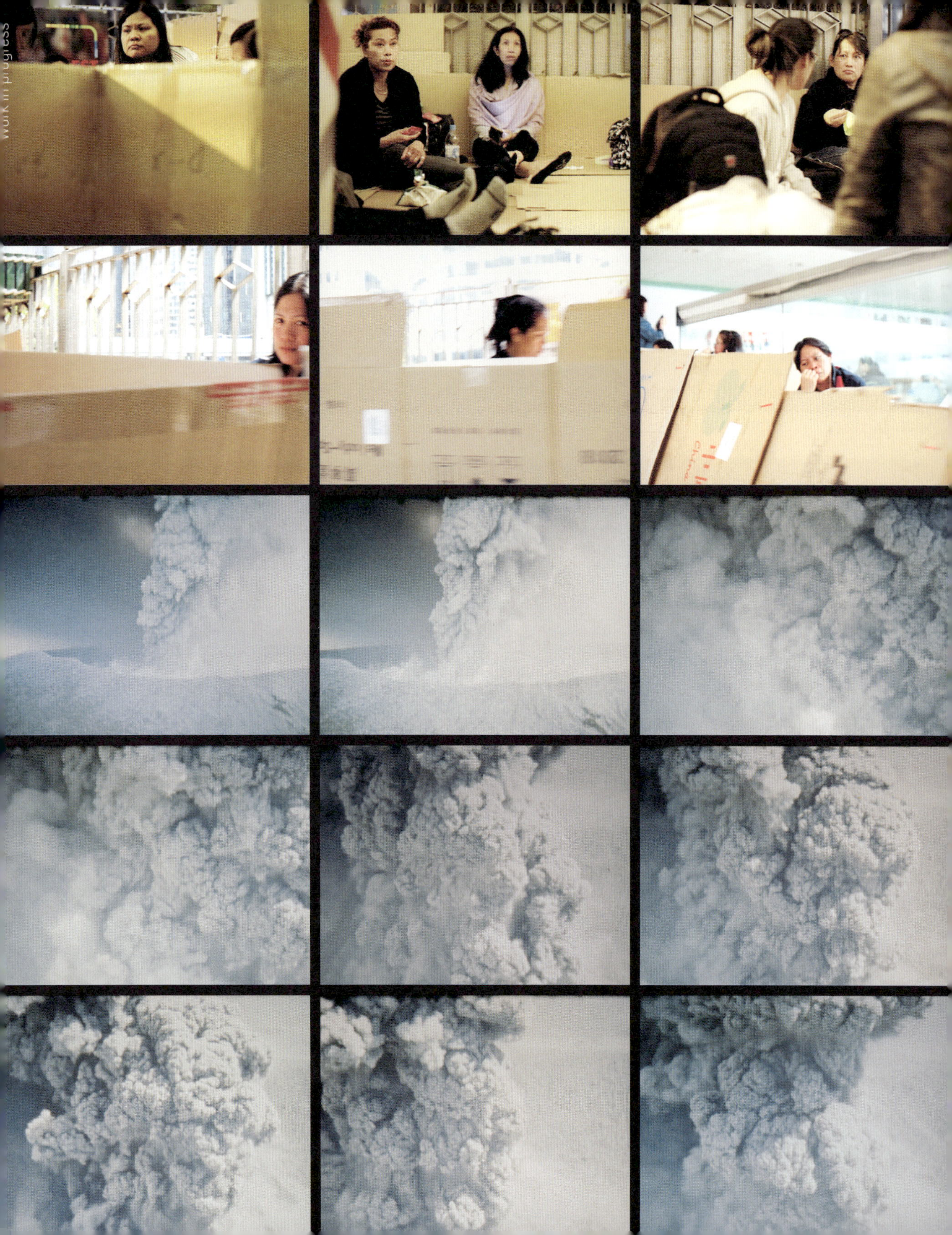

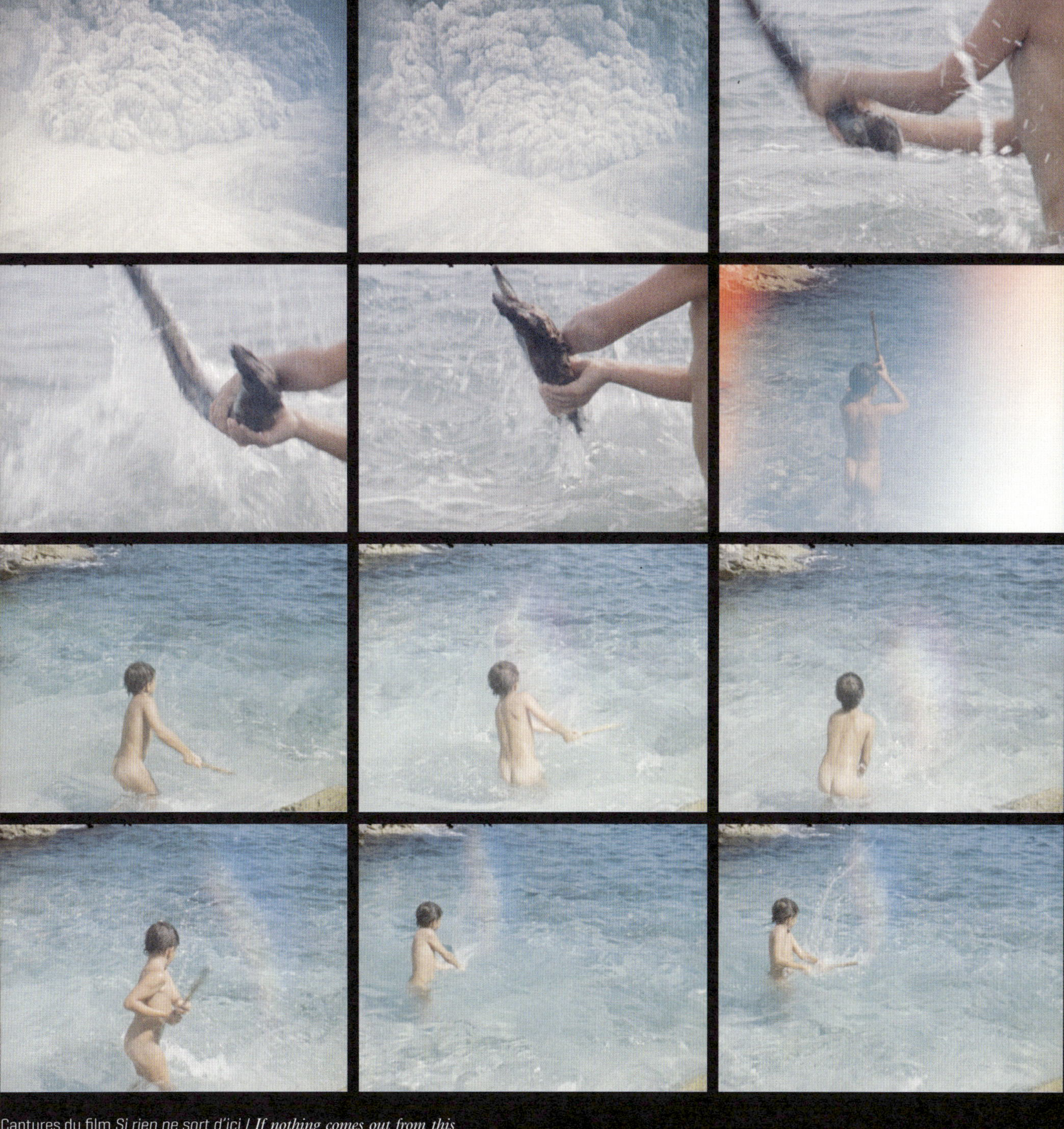

Captures du film *Si rien ne sort d'ici* / *If nothing comes out from this*
Pellicule négatif Kodak 50D et 200T, iPhone, 5DRS drone
Projection / *Projection* 16 mm, 8'07''

L'artiste souhaite remercier son atelier / *The artist would like to thank her atelier* : Leslie Martinelli, Lionel Dolique, Stéphanie Lefèbvre, Élodie Huet, Margaux de Sermoise, PierFrancesco Lerose, Benoît Bailly, Andreï Panibratchenko, Pierre Limpens, Alexandra Eguiluz, Gwendal Coulon et Julien Nesme. Christophe Berry (Fonderie Coubertin), Patrick Baradel (Atelier Image Collée), Emmanuel Lefrant (Light Cone), ANDEC Film Technik Berlin.
Pour leur soutien et leur regard / *For their help and gaze,* Katerina Gregos, Christine Macel, Alicia Knock, Hélène Gheysens, Anne et Pierre-Antoine Baubion, Véronique et Claude Bonnin, Brigitte Cardinal, Magali Nachtergael, Claire Lerestif, Natalie Seroussi, Julien Seroussi, Camilla Oliveira Fairclough, Emmanuel Van Der Meulen, Jérome Guigue, François Fleury, Didier Rittener, Evariste Richer, Fabrice Samyn, Éric Baudart, Cécile Hartmann, Charlotte Moth.
Enfin / *And also* Marcella Lista et l'ensemble de la galerie / *and the gallery staff* Meessen De Clercq, Olivier Meessen et / *and* Jan De Clercq.

MARIE VOIGNIER

Géraldine Gourbe

« Croire n'est pas mettre la main sur... c'est être marqué en creux. »
Michel de Certeau

Marie Voignier filme des situations où le réel emprunte soudainement les chemins de l'artifice, transformant le matériel documentaire en un champ d'expérimentation. Avec une rigueur cinématographique et un sens clinique de l'observation, ses films se déportent vers le fantastique. Une sorte de quatrième dimension depuis laquelle la lentille de la caméra se retourne sur l'œil qui la scrute.

Tinselwood s'ouvre sur une séquence silencieuse qui découvre le geste méthodique d'un jeune adolescent faisant face à l'immensité d'une forêt du sud-est du Cameroun. Les mouvements de caméra accompagnent, documentent les étapes d'un ensemble de savoir-faire qui déconstruisent un certain romantisme sous-jacent à l'idée d'une virginité des lointains espaces. Ces habitudes de travail transmises par les aînés consistent ici à éclaircir le chemin à coups de machette pour momentanément habiter un paysage dévorant ; à construire délicatement un piège éphémère devant une cachette d'animaux. L'artiste Marie Voignier filme une ruralité à la fois d'apparence brute, monumentale et œuvrée, façonnée par les Camerounais qui la traversent, y agissent. Différents rapports d'échelle, de temporalité entre une communauté d'humains et un environnement sylvestre sont révélés par l'image. L'enjeu relève d'une grande importance puisqu'il s'agit, grâce aux formes cinématographiques, de déjouer toute une iconographie chargée, à la fois par une croyance renouvelée en l'Eden perdu puis retrouvé et par une mythologie exotique. Aussi Marie Voignier s'éloigne-t-elle de ses

"To believe is not touching ... It is to be deeply touched"
(Michel de Certeau)

Marie Voignier films situations in which reality suddenly seems to take a turn towards artifice, transforming documentary material into a sort of experimental testing ground. With cinematographic rigour and an almost clinical sense of observation her films veer towards the genre of science fiction. A kind of fourth dimension in which the camera lens turns against the very eyes that are scutinising it.

Tinselwood opens with a silent sequence revealing the methodical actions of a young teenager faced with the immensity of a forest in South-east Cameroon. The camera follows these movements, documents the stages of an ensemble of savoir-faire that deconstructs a certain underlying romanticism of the unspoilt nature of these distant climes. Here, he uses working methods handed down from generation to generation in order to clear a path with a machete and momentarily inhabit this all-consuming landscape; to carefully construct a temporary trap in front of an animal's lair. The artist Marie Voignier films a rurality that appears both untouched, vast and laboured, shaped by the Cameroonians who have crossed through it, left their mark upon it. The images unveil the different relationships of scale and temporality between a human community and the forest environment. The stakes are high here because it means using cinematographic form to thwart a whole iconography charged with renewed belief in a newfound Garden of Eden and exotic mythology. And so here, Marie Voignier moves away from her previous subjects where Europeans hunting for the last of the big cats (*Les Immobiles*, 2013) or lost monsters (*L'Hypothèse du Mokélé-Mbembé*, 2011) were the key themes of her stories. The cryptozoologist Michel Ballot, solitary explorer searching for unexplored territories and new species to discover with the intrinsic qualities of some of Weirner Herzog's heroes, has vanished into thin air. The safari organiser, reeling off with incredible light-heartedness the list of trophies obtained (reminiscent of some of Barbet Schrœder's interviewees), has been silenced.

précédents sujets où la présence européenne par la chasse aux derniers grands fauves [*Les Immobiles*, 2013] ou aux monstres perdus [*L'Hypothèse du Mokélé-Mbembé*, 2011] constituait le fil rouge de ses récits. Le cryptozoologue Michel Ballot, explorateur solitaire en quête de territoires non explorés et d'espèces à découvrir revêtant les qualités intrinsèques de certains héros de Werner Herzog, est évaporé. L'organisateur de safari, énumérant avec une invraisemblable légèreté la collection de trophées obtenus, rappelant certains interviewés de Barbet Schrœder, a tu ses faits d'arme.

Sans médiation, la caméra interroge ce qui avait été révélé en creux des passages des hommes blancs : comment un paysage porte-t-il une histoire ? Comment aujourd'hui écrire l'histoire encore peu connue de l'exploitation des ressources de la forêt et du travail forcé qu'elle a induit, depuis une position de cinéma d'artiste ? Grâce à un montage ténu, *Tinselwood* incarne à l'image l'effet des points de suspension. Il n'y a pas ici d'éclats de cinéma vérité, d'incidences d'une caméra au poing. Les regards sont portés ailleurs [une feuille, un geste de maniement du bac, la coupe disproportionnée d'un petit morceau de bois par une grande lame de machette] lorsque les révélations affleurent telles que les brutalités coloniales dans cette région délaissée par le Cameroun. Les paroles, les regards, les gestes recueillis n'ont pas plus d'attention, pas moins que les éléments enregistrés pour les besoins d'un repérage. Une suspension mise au travail en quelque sorte qui, dans la continuité, opère comme une topographie filmique. Celle-ci fait surgir la violence coloniale au quotidien comme intériorisée, sans relief et ce malgré la luxuriance des paysages. Un contraste qui subtilement, c'est-à-dire sans autorité, nous contraint à nous ajuster sans cesse : que projetons-nous culturellement sur ce que nous voyons ?

Tinselwood couvre un autre panorama immatériel qui requiert de la prudence et de la ruse. En effet, il s'y donne à voir et à entendre des enjeux complexes quant à des cercles de croyance qui s'entremêlent. Les croyances populaires qui s'acclimatent dans les sites de la forêt et se perpétuent malgré des tentatives de christianisation, d'autres mythes locaux utilisés par les colons afin de faire accepter certaines situations inéquitables. On assiste ainsi à une certaine magie, un tour de passe-passe qui dessine une convergence tacite mais néanmoins active entre besoin collectif de spiritualité, croire en des forces, des imaginaires qui nous dépassent [la forêt constitue un terrain idéal pour incarner des agissements transcendants] et une idéologie autoritaire. Dès lors, les points de vue se renversent, ce n'est plus tant une réalisatrice française qui regarde un ancien pays colonisé qu'une situation partagée qui nous est renvoyée reposant non pas sur les questions : en quoi croire, qui croire ? mais comment croyons-nous, comment sommes-nous agités ?

Without mediation, the camera questions the things that have remained unsaid about the passage of white men: how does a landscape tell a story? How can the little-known story of the exploitation of forest resources and the forced labour it brought with it be told today through the medium of an art-house film? Thanks to its tenuous editing, *Tinselwood* produces the effect of an on-screen ellipsis. There are no flashes of direct cinema here, no handheld camera effects. When revelations surface, such as the colonial brutality in this region neglected by Cameroon, our gaze is drawn elsewhere (a leaf, a tank/boat being handled, the disproportionate chopping of a tiny piece of wood with the huge blade of a machete). The words, looks, actions recorded here are not given any greater attention, no less than the elements filmed for reconnaissance purposes. A suspended moment at work as it were, and which over time, creates a cinematic topography. This suddenly makes the interiorised colonial violence appear in daily life, flattened, despite the lush landscapes. A contrast that subtly, without us really being aware, forces us to continually adjust: what do we project culturally onto what we see?

Tinselwood covers a different immaterial panorama that demands prudence and cunning. Indeed, it allows us to see and understand the complex issues relative to entangled circles of belief. The popular beliefs that have become rooted in forest sites and which are perpetuated despite attempts at Christianisation or other local myths used by settlers in order to make certain inequitable situations accepted. And so we witness a kind of magic, a conjuring trick that outlines a tacit but nevertheless active convergence between a collective need for spirituality, to believe in forces, things that we don't understand (the forest is the ideal ground for embodying transcendental acts) and an authoritarian ideology. From this moment on, the view points are disturbed, this is not so much a French film director looking at a former colonised country, as a shared situation reflected back on us, based not on the questions: what to believe, who to believe? But how do we believe, what is it that disturbs us?

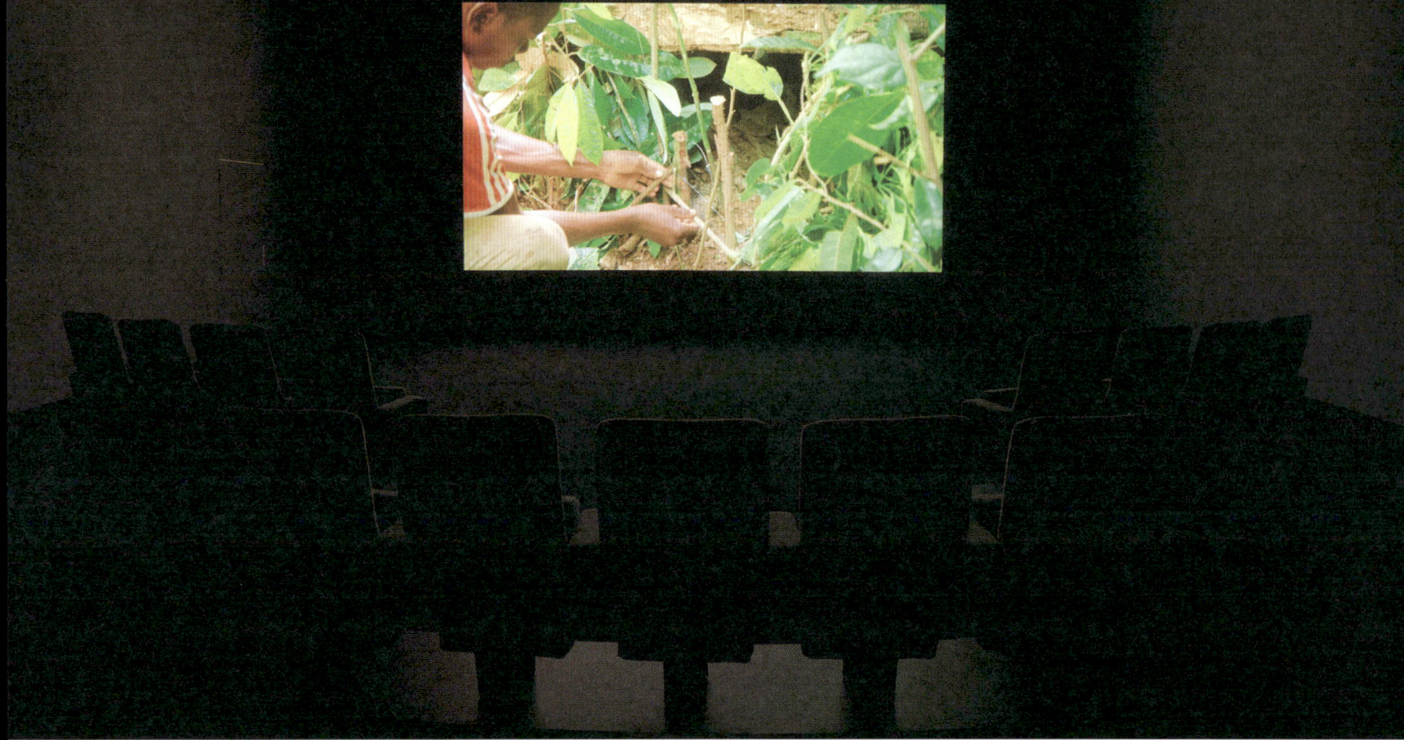

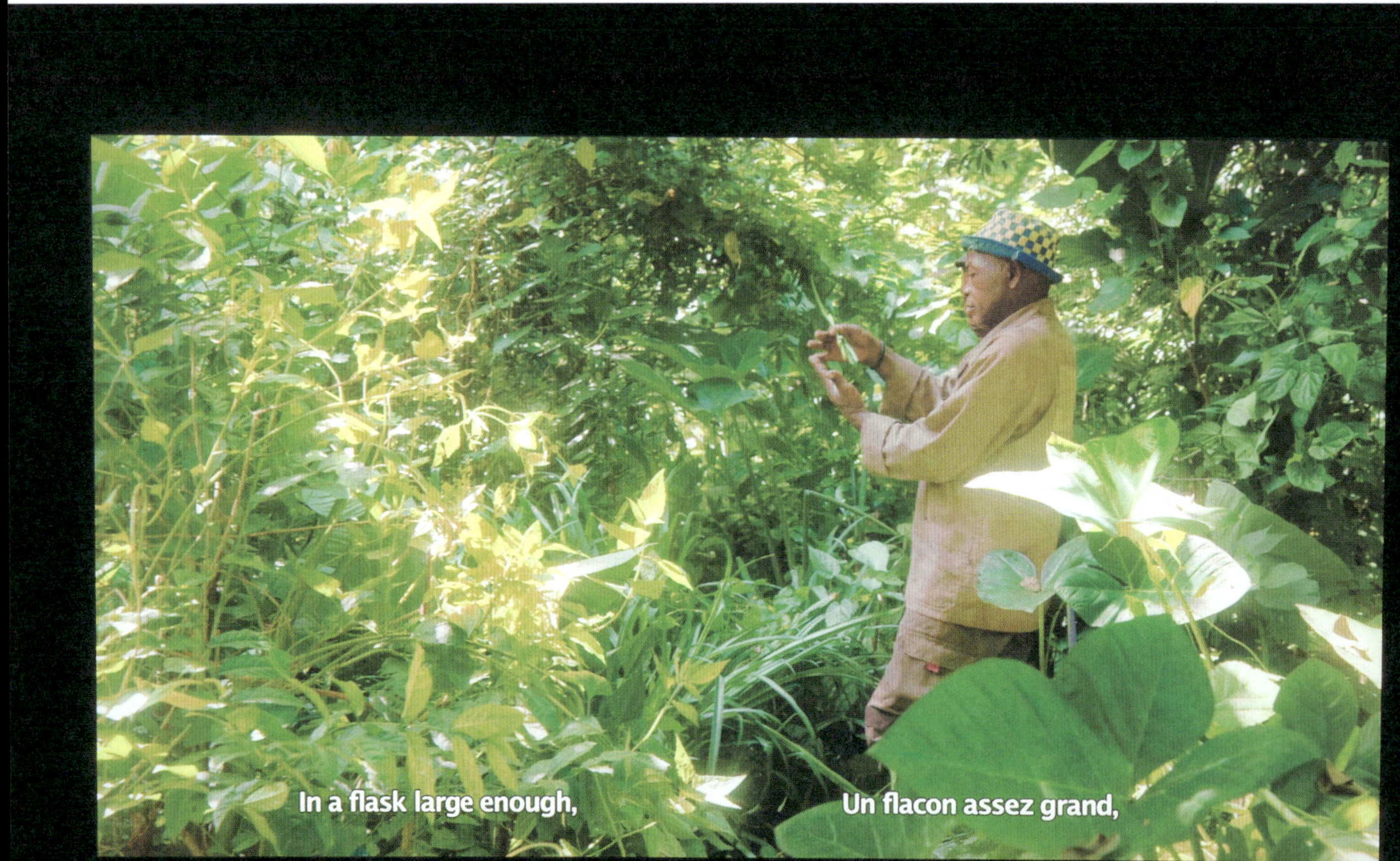

In a flask large enough,

Un flacon assez grand,

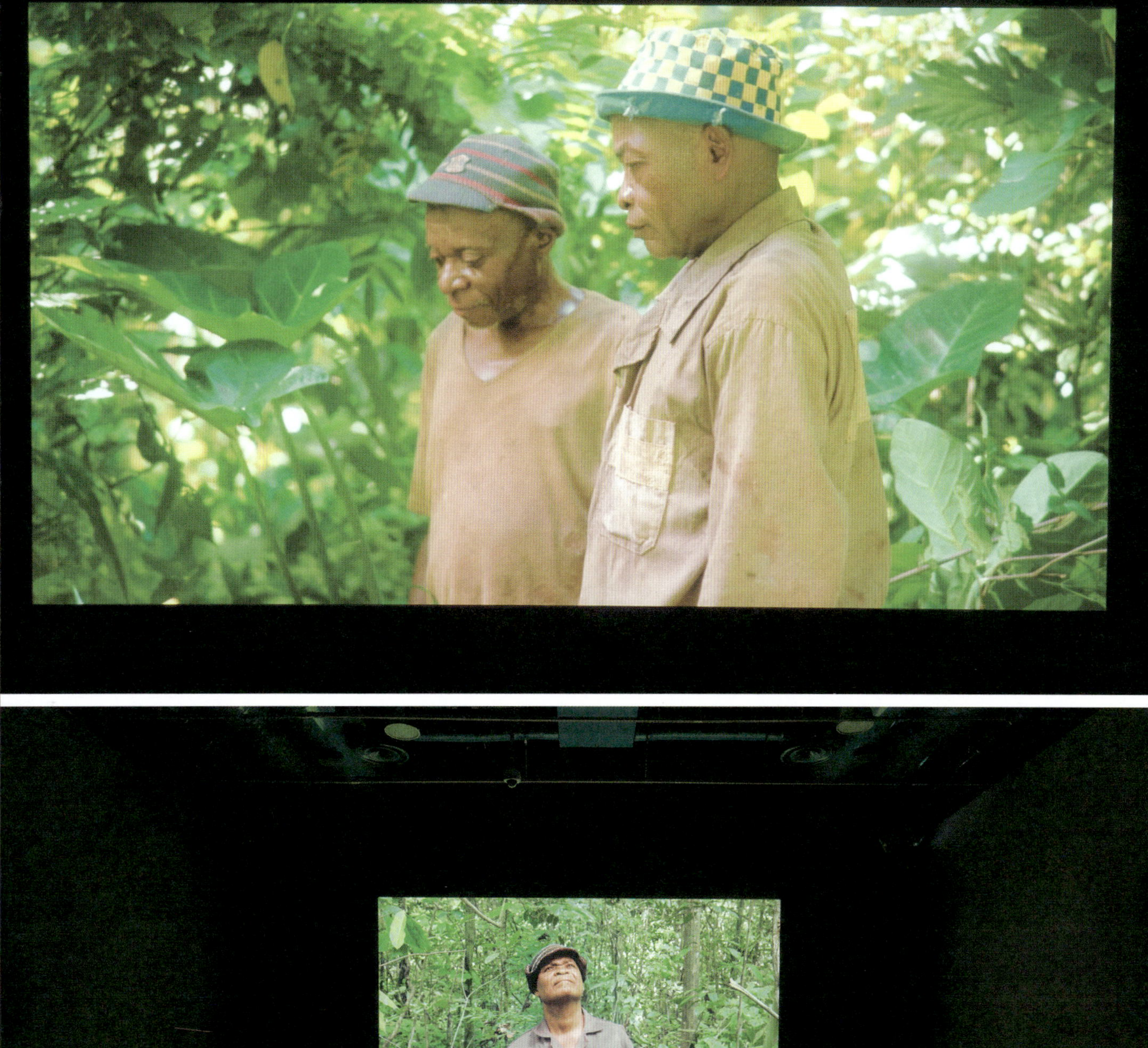

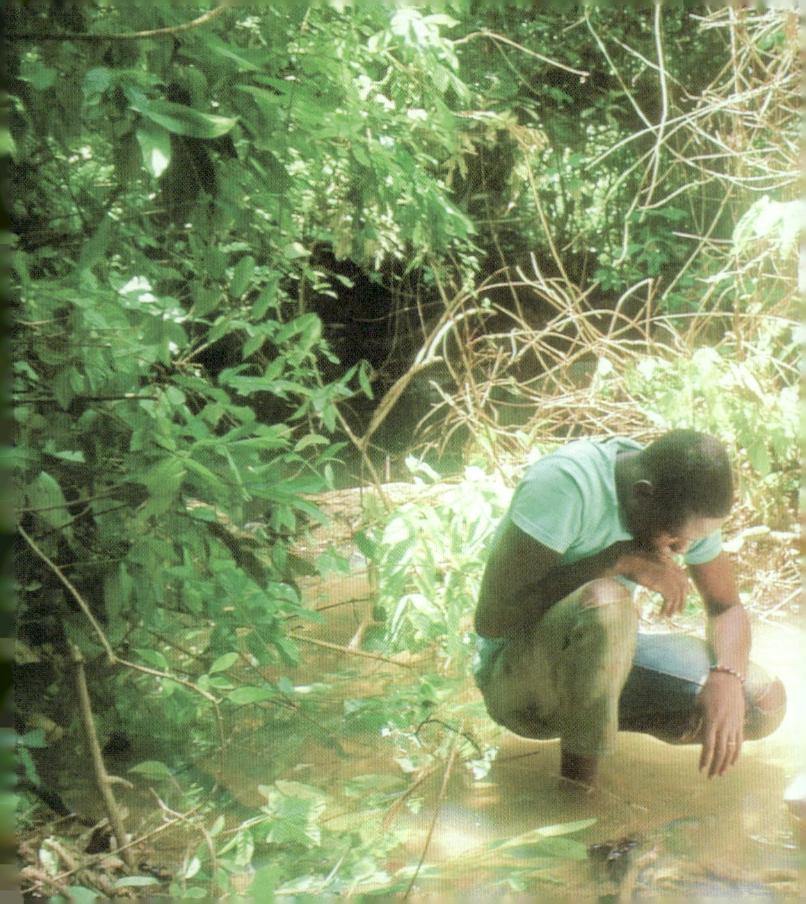

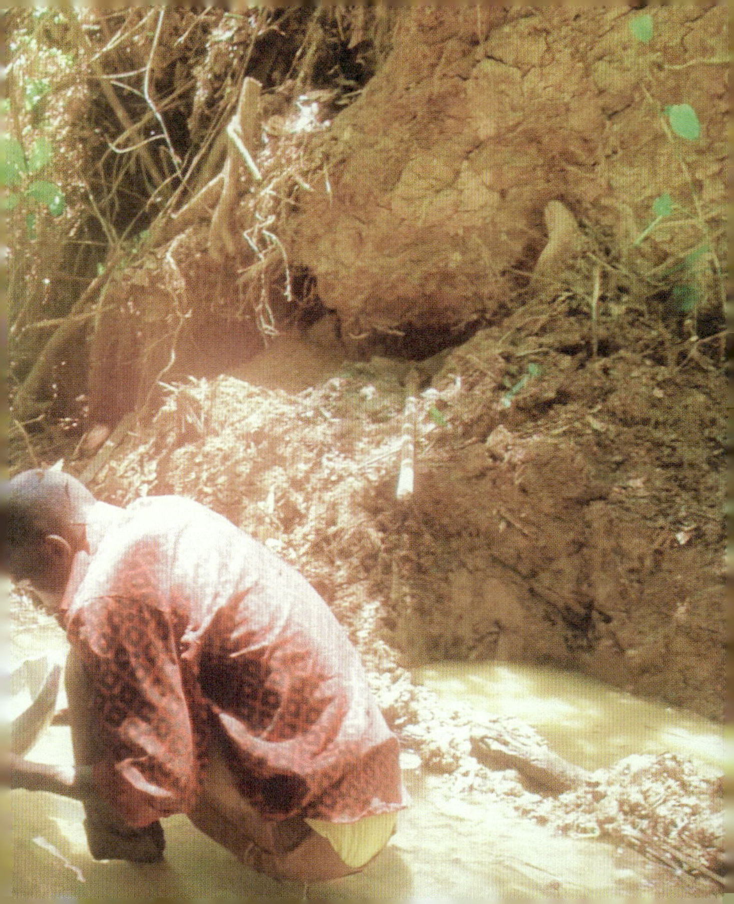

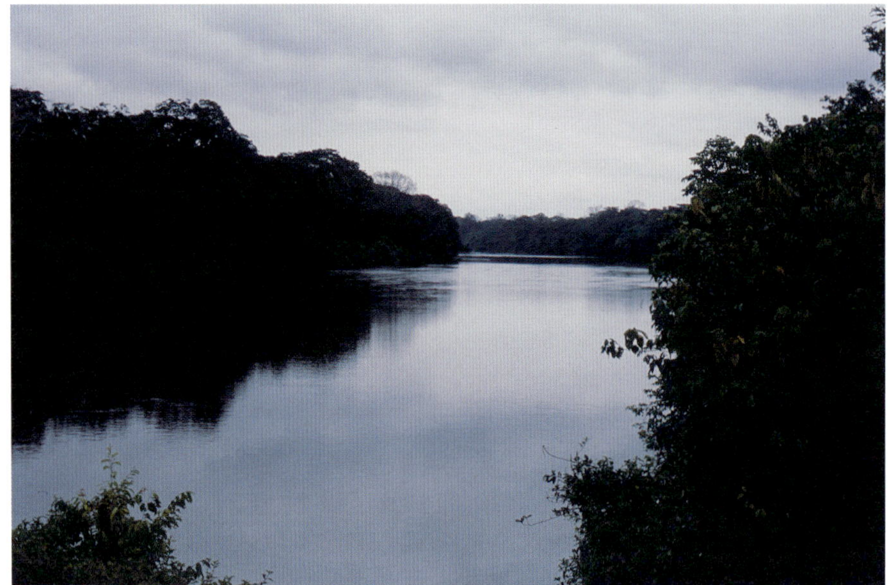

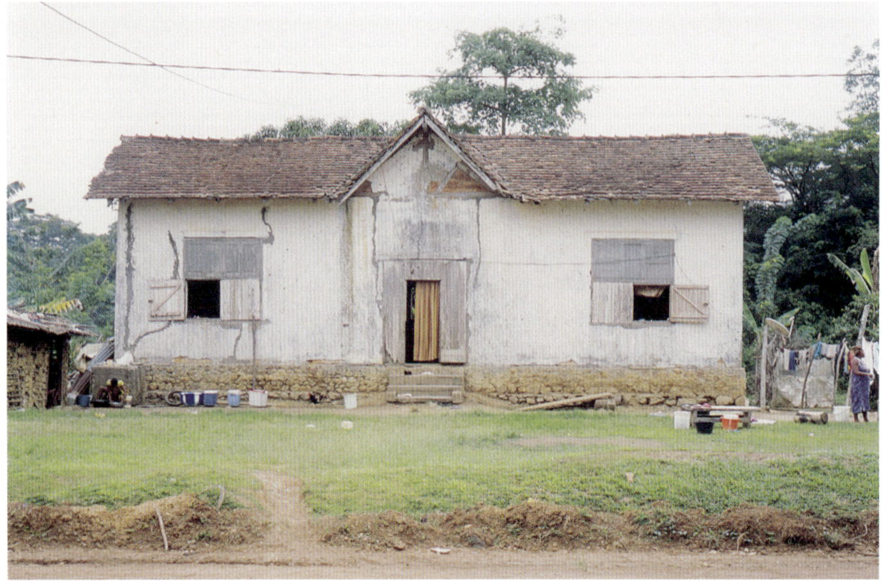

Les berges de la Ngoko à Moloundou / *The banks of the Ngoko in Moloundou*

À Moloundou, la maison allemande devant laquelle les têtes décapitées du leader de l'UPC Osendé Afana et de son garde du corps ont été exposées / *In Moloundou, the German house in front of which the decapitated heads of UPC leader Osendé Afana and his bodyguard were exposed*

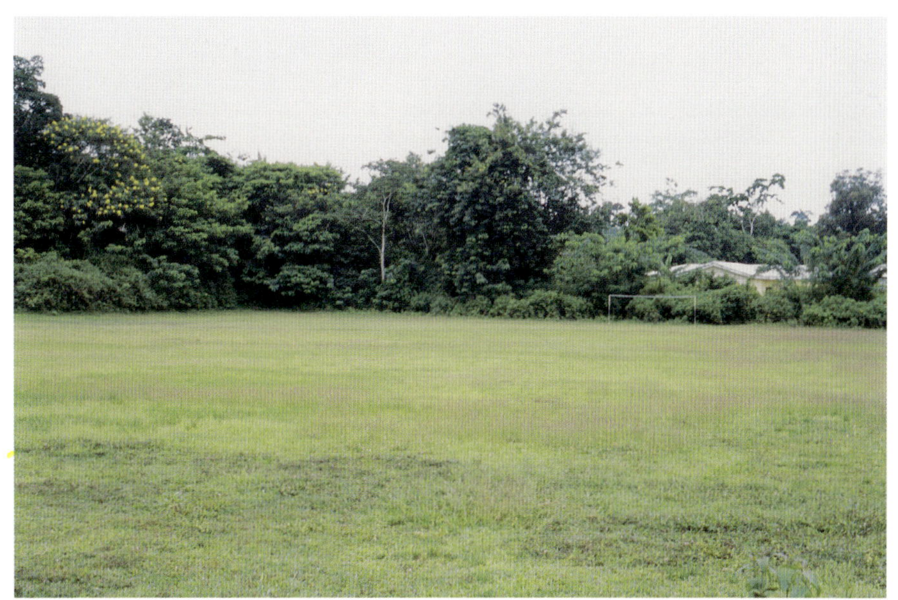

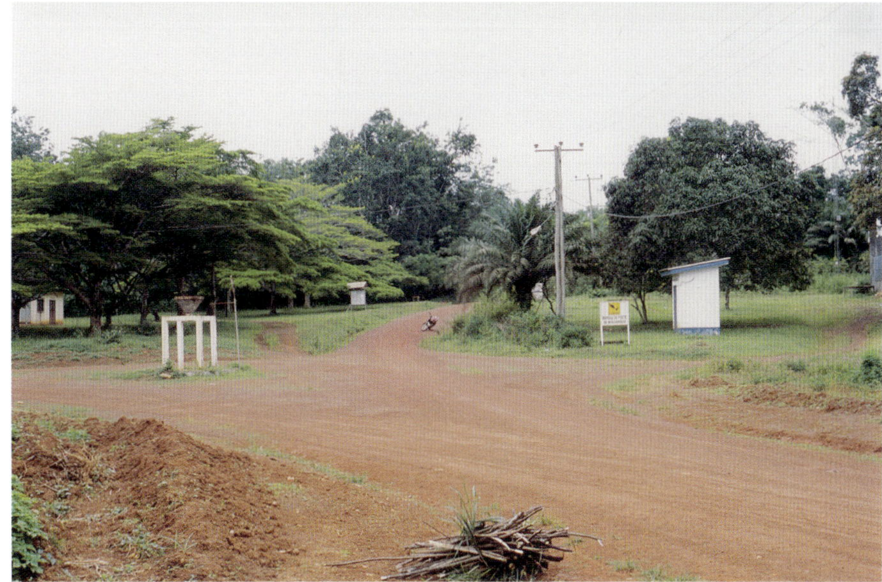

Le stade, en face de la maison allemande / *The stadium, in front of the German house*

Carrefour à l'entrée de Moloundou / *Carrefour at the entrance of Moloundou*

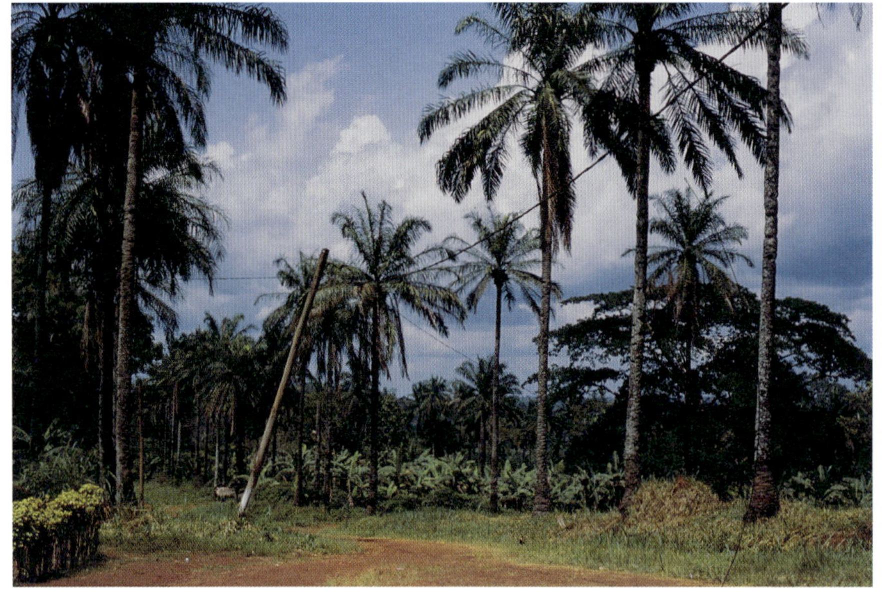

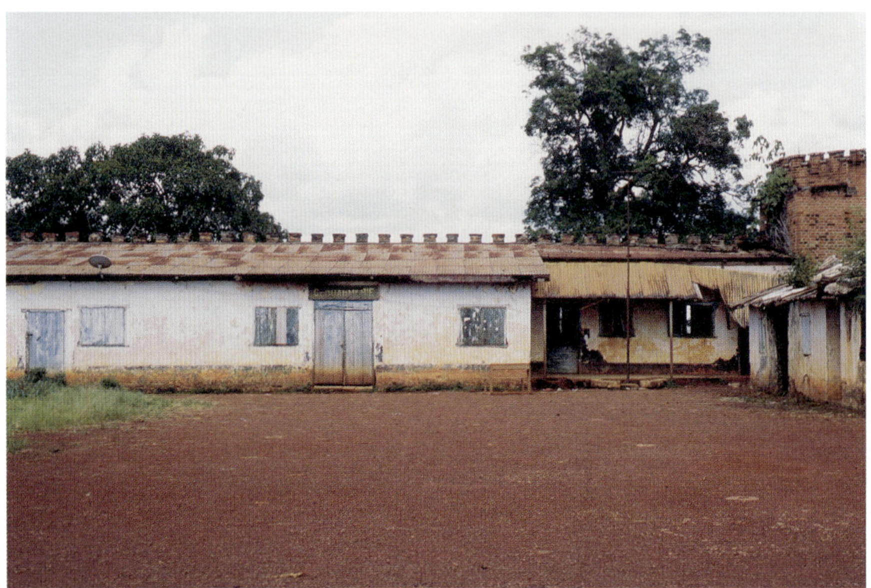

Une rue de Doumé bordée de palmiers alignés / *A street of Doumé lined with aligned palms*

Dans le fort de Doumé, l'ancienne gendarmerie française / *In Fort Doumé, the former French gendarmerie*

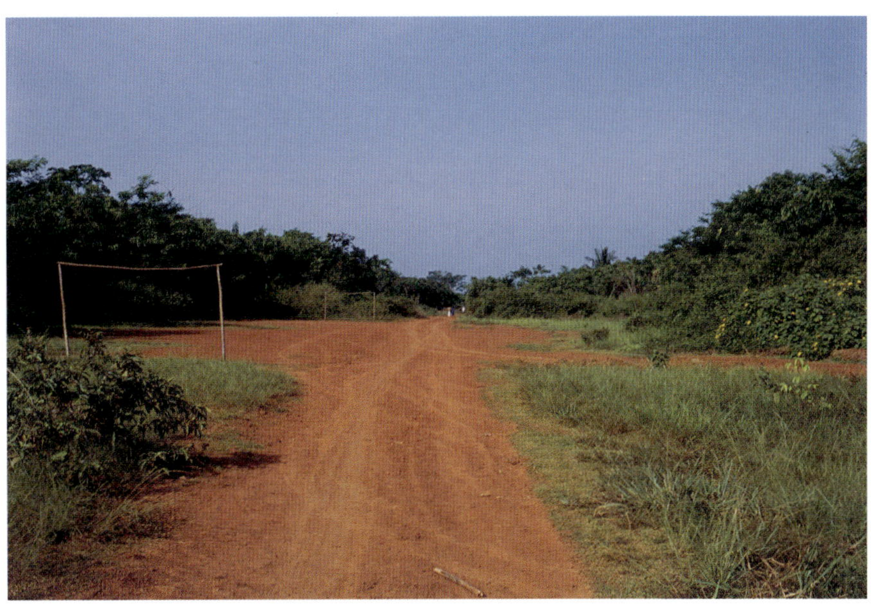

L'ancienne piste d'atterrissage de Moloundou / *The old Moloundou airstrip*

Réalisation et montage / Director and editor : Marie Voignier. *Production / Production* : Eugénie Michel-Villette - Les Films du Bilboquet. Avec l'aide de / *With the support of* : Fondation Nationale des Arts Graphiques et Plastiques (FNAGP), Centre national de la cinématographie et de l'image animée (CNC). *Avec / With* : Junior Lombano, Farrel Mpesil, Marcial Souata, Noël Pial, Jasmin Sameleu, Pierre Bakandja, Ajavon, Samuel Medjissa, Wylfried Namoudjou, Hermine Yendjé, Martin Kobolo, David Lalé, Michel Ambadjé, Jean Hermann, Franck Bemebouom, Mitterrand Touambot, Oumarou Garba, Christian Ngalla, Simplice Tsigonang, Désiré Bouh. *Directeur de la photographie / Director of photography* : Thomas Favel. *Assistant réalisation / Assistant Director* : Noël Pial. *Son / Sound* : Marianne Roussy. *Mixage / Sound mixing* : Thomas Fourel. *Étalonnage / Colour grading* : Yannig Willmann. *Traduction Baka, Bakwélé et Bangando / Transcription Baka, Bakwélé and Bangando* : Noël Pial. *Production exécutive Cameroun / Cameroun line producer* : Dieudonné Alaka - Kopa House. *Scénographie installation / Scenography* : Marie Corbin

Remerciements / Acknowledgements : Lucien Abagui Iya, Isabelle Alfonsi, Désiré Balogbo, Michel Ballot, Angeline Ballot-Noah, Stefanie Baumann, Cécilia Becanovic, Marie Canet, Cedricson, Caroline Cournède, Thomas Deltombe, Guillaume Désanges, Hassan Djaoro, Philippe Farah, Christophe Gallois, Géraldine Gourbe, Maya Haffar, Hôpital de Salapoumbé, Geneviève Aubry, Florence Lazar, Janine Mouka, Pascale Obolo, Faustin Ohandza, Barbara Quintin, Vassilis Salpistis, Etienne Song - Espace Lumière, Marie Vachette.

MOHAMED BOUROUISSA

Né en 1978 à Blida en Algérie. Vit et travaille à Paris.
Born in 1978 in Blida, Algeria. Lives and works in Paris.

Représenté par / Represented by :
kamel mennour, Paris/London et Blum & Poe, Los Angeles/New York/Tokyo

EXPOSITIONS PERSONNELLES / SOLO SHOWS

2018
Hustling, kamel mennour, London, UK.
Mohamed Bourouissa : Urban Riders, Musée d'Art moderne de la Ville de Paris, France.
2017
Mohamed Bourouissa: Urban Riders, The Barnes Foundation, Philadelphie, États-Unis.
2016
Mohamed Bourouissa : Horseday, Stedelijk Museum, Amsterdam, Netherlands.
Hustling, Basis, Francfort, Allemagne.
2015
Hustling, kamel mennour, Paris, France.
2014
Mohamed Bourouissa: Some Copyright Options, Art Gallery of Ontario, Toronto, Canada.
Capsule 02: Mohamed Bourouissa, Haus der Kunst, Munich, Allemagne.
2013
All-in, kamel mennour, Paris, France.
L'Utopie d'August Sander, Marseille-Provence 2013, Marseille, France.
2012
Peripheral Stages. Mohamed Bourouissa and Tobias Zielony, MAXXI-Museo nazionale delle arti del XXI secolo, Rome, Italie.
2011
Live Cinema/Peripheral Stages: Mohamed Bourouissa and Tobias Zielony, Philadelphia Museum of Art, Philadelphie, États-Unis.
2010
Temps mort, kamel mennour, Paris, France.
2009
Tense Territories, The Finnish Museum of Photography, Helsinki, Finlande.

EXPOSITIONS COLLECTIVES / GROUP SHOWS

2018
Take Me (I'm yours), Académie de France à Rome – Villa Médicis, Rome. Touring : Pirelli HangarBicocca, Milan, Italie.
Beautiful world, where are you?, Biennale de Liverpool, Liverpool, Royaume-Uni.
Par amour du jeu, Magasins Généraux, Pantin, France.
2017
Once upon a time... the western, Musée des Beaux-Arts de Montréal, Canada.
How to live together, Kunsthalle Wien, Autriche.
Please come back. The world as prison, MAXXI, Rome, Italie. Touring : IVAM, Valencia.
Sharjah Biennial 13 Act II *An unpredictable expression of human potential*, Beirut Art Center, Beyrouth, Liban.
2016
Black Cowboy, The Studio Museum, New York, États-Unis.
2015
La vie moderne, Biennale de Lyon, France.
Nel Mezzo del Mezzo, sous la direction de Christine Macel, Museo Riso, Palermo, Italie.
Bienal de La Habana, Cuba.
2014
The Divine Comedy, MMK Museum für Moderne Kunst, Francfort, Allemagne ; Smithsonian National Museum of African Art, Washington, États-Unis ; Museo Reina Sofía, Madrid, Espagne ; Correo, Venise, Italie ; Hayward Gallery @ Visual Arts, Londres, Royaume-Uni ; National Gallery of Zimbabwe, Harare, Zimbabwe.
The Sea is my Land, Triennale di Milano, Milan, Italie.
Historia, miradas de artistas, Museo Marco, Vigo, Espagne. Touring : PhotoEspaña, International Festival of photography and visual arts, Madrid, Espagne.
2013
Retour du monde, commandes publiques autour du tramway de Paris, MAMCO, Musée d'art moderne et contemporain, Genève, Suisse.
Hors Pistes 2013 Le mouvement des images, Centre Pompidou, Paris, France.
2012
Nuit blanche : *L'Utopie d'Auguste Sander*, Galerie Édouard Manet, Gennevilliers & *All-In*, Monnaie de Paris, France.
Voice of Images, Palazzo Grassi, François Pinault Foundation, Venise, Italie.
2011
Momentaufnahmen einer Generation / Snapshots of a Generation, Wentrup, Berlin, Allemagne.
ILLUMInazioni / ILLUMInations, 54e Biennale de Venise, Venise, Italie.
L'art est un sport de combat, video program with *Légende*, Musée des Beaux-Arts de Calais, Calais, France.
Nouveaux Tableaux parisiens, Pavillon Carré de Baudoin, Paris, France.
2010
What is waiting out there, 6th Berlin Biennale for contemporary art, Berlin, Allemagne.
Dynasty, Palais de Tokyo, Musée d'art Moderne de la Ville de Paris/ARC, France.
Panorama 12, Le Fresnoyw–Studio national des arts contemporains, Tourcoing, France.
2009
The Generational Triennial: Younger than Jesus, New Museum, New York, États-Unis.
Deutsches Historisches Museum, Berlin, Allemagne.
Panorama 11, Un archipel d'expériences, Le Fresnoy–Studio national des arts contemporains, Tourcoing, France.
2007
Rencontres Internationales de la Photographie, Le Off, Arles, France.

PRIX / PRIZES

Sélectionné pour le prix Marcel Duchamp 2018
Prix Studio Collector, pour le film *Temps Mort*, Fondation Antoine de Galbert, Paris, France.
1er Prix–Rencontres Internationales de la Photographie, Le Off, Arles, France.

PUBLICATIONS

Dessins Horse Day, Musée d'Art Moderne de la ville de Paris, Paris Musées & kamel mennour, 2018.
Mohamed Bourouissa, The Barnes Foundation & kamel mennour, 2017.
Horseday, Stedelijk Museum Amsterdam & kamel mennour, 2016.
Horse Day, Roma publications, Stedelijk Museum Amsterdam, 2016.
L'Utopie d'August Sander, basis, Francfort, 2016.
Temps mort, kamel mennour & Etudes Books, janvier, 2014.
Paris Champ & Hors Champs, Photographies contemporaines, Paris Bibliothèques, septembre, 2014.
Rip, Livre d'artiste, Carte blanche du PMU & du Bal, Filigranes Éditions, novembre, 2011.
Younger than Jesus, New Museum of Contemporary Art, New York, États-Unis, 2009.
Mohamed Bourouissa, Périphérique (cat. exp.). Le Château d'Eau, Toulouse, France (12 mars-12 avril 2008).

COLLECTIONS PUBLIQUES ET PRIVÉES / PUBLIC AND PRIVATE COLLECTIONS

Fondation Louis Vuitton, Paris (2013, 2018)
Sammlung Philara (2018)
Burger Collection, Hong Kong, Chine (2018)
KADIST Art Foundation, Paris, France (2011, 2018)
Musée d'Art moderne de la Ville de Paris (2012)
FRAC Bretagne, Rennes, France (2011)
FRAC Franche-Comté, Besançon, France (2013)
Fondation Sindika Dokolo (2013)
Stedelijk museum, Amsterdam, Pays-Bas (2015)
Pinault Collection, Paris, France (2015)
LACMA, Los Angeles, États-Unis (2014)
Philadelphia Museum of Art, Philadelphie, États-Unis (2011)
Centre Pompidou, Paris, France (2011)
Cité Nationale de l'Histoire de l'Immigration, Paris, France (2008).
Fonds National d'art contemporain, France (2009).
Galerie du Château d'Eau, Toulouse, France (2008).
International art Fund, Royaume-Uni (2010).
Maison Européenne de la Photographie (MEP), Paris, France (2008).
Neuflize Vie, Paris, France (2009).
The Finnish Museum of Photography, Helsinki, Finlande (2008).
Weng Collection, Krefeld Germany (2010).

CLÉMENT COGITORE

Né en 1983 à Colmar.
Born in 1983 in Colmar.

Représenté par/ Represented by :
Galerie Eva Hober, Paris
Galerie Reinhard Hauff, Stuttgart

EXPOSITIONS PERSONNELLES / SOLO SHOWS

2019
Clément Cogitore : vidéos, Kunsthaus Baselland, Bâle, Suisse (up coming)

2018
Clément Cogitore : Fotografien, Forum für Fotografie, Cologne, Allemagne
Clément Cogitore : Project room, Ikon Gallery Birmingham, Royaume-Uni
Les Indes Galantes, Tabakalera, International Centre for Contemporary arts, San Sebastian, Espagne
Reste l'air et les formes, FRAC Auvergne, Clermont Ferrand, France
Installations - Lux, Scène nationale de Valence, France

2017
Parmi nous, (dans le cadre du Prix de la Fondation d'entreprise Ricard pour l'Art Contemporain), Musée national d'art moderne, Centre Pompidou, Paris
Uchronies, Galerie Eva Hober, Paris
Braguino ou la communauté impossible, Le BAL, Paris, France
L'intervalle de résonance, Galerie Reinhard Hauff, Stuttgart, Allemagne

2016
L'intervalle de résonance, Palais de Tokyo, Paris, France
Ni le ciel ni la terre, Galerie Reinhard Hauff, Stuttgart, Allemagne

2015
Digital Desert, Galerie Whiteproject, Paris, France

2014
Fictions, Musée d'art moderne et contemporain de Strasbourg, France
Visions, Centre européen d'actions artistiques contemporaines, Strasbourg, France
Rumeurs, Galerie White Project, Paris, France

2012
Rondes de Nuit, Galerie Whiteproject, Paris, France

2011
Un archipel, Module, Palais de Tokyo, Paris, France
Angelu(s)x, Galerie Saint-Séverin, Paris, France

EXPOSITIONS COLLECTIVES, PROJECTIONS (SÉLECTION) / GROUP SHOWS, PROJECTIONS (SELECTION)

2018
In formation II, Institute for contemporary arts, Londres, Royaume-Uni
ENFANCE Encore un jour banane pour le poisson rêve, Palais de Tokyo, Paris, France
Frame freely, Daegu Photo Biennale, Corée du Sud
Respire, Herzliya Museum of Contemporary Art, Israël
Art of the real, Lincoln Center, New York, États-Unis
The Rebellion of Moving Image, Taipei Museum of Contemporary Arts, Taïwan
OHLO, Art Cinema festival, Rio de Janeiro
Persona Grata, MAC VAL, Vitry-sur-Seine
Telluride international film festival, Sélection officielle, États-Unis

2017
Biennale de Québec, Musée national des Beaux-Arts du Québec, Montréal, Canada
The Opposing shore, 7e Biennale internationale d'Art contemporain de Moscou, Russie
Vision on vision, the Lemaitre video collection, SeMA Bunker, Séoul, Corée du Sud
Intériorités, LaBanque, Béthune, France
Un monde in-tranquille, Centre d'art Contemporain, Meymac, France

2016
New directors, new films, MoMA, Museum of Modern Art, New York
18e Prix de la fondation d'entreprise Ricard, Fondation d'entreprise Ricard, Paris
59th San Francisco international Im festival, Etats-Unis, Sélection officielle
One is almost never present, NEST Gallery, La Haye, Pays-Bas

2011 - 2015
57e Semaine de la critique, Festival de Cannes, Sélection officielle
Is it yours ?, Museum Baerengasse, Zurich
Pièces montrées, 30 ans des FRAC, Frac Alsace, Sélestat, France
Vidéo Dumbo Eyebeam, Art+Technology Center, New York, États-Unis
Un nouveau festival, Musée national d'art moderne, Centre Pompidou, Paris, France
Teatro delle esposizioni, Villa Médicis, Rome, Italie
Rencontres internationales Paris-Berlin-Madrid, Haus der Kulturen der Welt, Berlin
65e International film festival Locarno, Suisse, Sélection officielle
50e Quinzaine des réalisateurs, Festival de Cannes, France, Sélection officielle
Other French Loves, Museum of fine arts, Boston, États-Unis
Wilkommen in Paradies, Landesgalerie Burgenland, Eisenstadt, Autriche
Universo Video, LaBoral Centro de Arte, Gijon, Espagne
Passeurs, Bäckerstrasse4 Gallery, Künstlerhaus, Vienne, Autriche
Reality Terror, Kazi Art Forum, Istanbul, Turquie
Videomedeja, Museum of modern art Vojvodina, Novi Sad, Serbie
Dans la nuit des images, Grand Palais, Paris
8e International biennal of video and cinema, Santiago, Chili
Wro 07, Biennale de Wroclaw, Pologne
Out of control, 7e Biennale internationale de photographie et d'arts visuels, Musée d'art moderne, Liège, Belgique

COLLECTIONS PUBLIQUES ET PRIVÉES / PUBLIC AND PRIVATE COLLECTIONS (sélection / selection)
Musée national d'art moderne – Centre Pompidou, Paris, France
Musée d'art moderne et contemporain de Strasbourg, France

MAC VAL, Musée d'art contemporain du Val-de-Marne, Vitry-sur-Seine, France
Nouveau Musée National Monaco
CNAP Centre national d'arts plastiques, Paris, France
FMAC Fond Municipal d'Art Contemporain, Paris, France

FRAC Aquitaine, France
FRAC Alsace, France
FRAC Auvergne, France
Collection Lemaître
Daimler Art collection, Berlin, Allemagne

PUBLICATIONS

2017
Braguino ou la communauté impossible, Monographie, Co, Edition Filigranes // LE BAL Textes de Léa Bismuth et Bertrand Schaeffer

2016
Hypothesis, DVD, Monographie, Ecart production, Texte de Philippe-Alain Michaud

2014
Atelier, Monographie, Edition Les Presses du Réel, Textes d'Anaël Pigeat, Dominique Païni et Jean-Michel Frodon

2010
Stories, DVD, Monographie, Ecart production / Texte de Marie-Thérèse Champesme

THU-VAN TRAN

Née en 1979 à Hô-Chi-Minh-Ville, Vietnam.
Vit et travaille à Paris.
Born in 1979 in Ho Chi Minh City, Vietnam.
Lives and works in Paris.

Représentée par / Represented by :
Meessen De Clercq, Brussels

https://thuvantran.fr/

EXPOSITIONS PERSONNELLES / SOLO SHOWS (sélection / selection)

2019
Almine Rech Gallery, New York, États-Unis
24h à Hanoi, Le Crédac, Ivry-sur-Seine, France
Rüdiger Schöttle Gallery, Munich, Allemagne
2018
Xe Đ⊗p ⊗i, VCCA-Vincom Center for Contemporary Art, Hanoi, Vietnam
SAVVY Contemporary, Berlin, Allemagne
West world, with Franz West, galerie Natalie Seroussi, Paris, France
Une place au soleil, La Grande Place, Musée du Cristal, Fondation Hermès, St Louis, France
Maidday, Galerie Saint-Séverin, Paris, France
2017
Mountains are like the bones of the earth. Water is its blood, Meessen De Clercq, Bruxelles, Belgique
The blind excuse, with Marieta Chirulescu, Galerie Joseph Tang, Paris, France
Frieze New York, Focus section, New York, USA
2016
Listen, the Darkness Deepens, Ladera Oeste, Guadalajara, Mexique
From stamping to reading, Macleay Museum, Sydney, Australie
Échange de présents, Neuer Berliner Kunstverein, Berlin, Allemagne
Écrire et autres éclats, Les Abattoirs, Toulouse, France
2015
We are this and that aren't we?, Meessen De Clercq, Bruxelles, Belgique
Cao su pleure, Galerie Art et Essai-Rennes 2 Université, Rennes, France
2013
Rejets, Musée éclaté de la presqu'île de Caen, Le Mépic, France
Art Basel, Statements section, Bâle, Suisse
La dix-huitième place, Centre d'Art Villa du Parc, Annemasse, France
2012
We Live in the Flicker, Meessen De Clercq, Bruxelles, Belgique
2011
La Tache, Galerie Martine Aboucaya, Paris, France
Le Nombre Pur selon Duras, La Maison Rouge-Le Patio, Paris, France
2009
Homme Livre, Bétonsalon-Centre d'Art et de Recherche, Paris, France
L'Espace-Centre Culturel Français de Hanoi, Hanoi, Vietnam
Lumière Arrière, Musée des Beaux-Arts de Mulhouse, Mulhouse, France

EXPOSITIONS COLLECTIVES / GROUP SHOWS (sélection / selection)

2018
After Babel, Visual Arts Center Megaron-The Athens Concert Hall, Athènes, Grèce
The Schwartz Foundation, Art Space Pythagorion, Samos, Grèce
Cosmogonies, au gré des éléments, MAMAC, Nice, France
Un désir d'Archéologie, Carré d'Art, Nîmes, France
2017
Entre deux infinis, Galerie Anne-Sarah Bénéchou, Paris, France
Manipulate the world, Moderna Museet, Stockholm, Suède
Montag or the possible libraries, Frac Franche-Comté, Besançon, France
Viva arte viva, 57e Biennale di Venezia, Venise, Italie
Jardin infini, De Giverny à l'Amazonie, Centre Pompidou-Metz, Metz, France
2016
La timidité des cimes, Le Parvis – Tarbes, France
Prix Meurice 2016, Le Meurice, Paris, France
A brief history of the future, Palazzo Reale, Milan, Italie et Musées Royaux des Beaux-Arts, Bruxelles, Belgique
Remember Lidice, Lidice Museum, Lidice, République Tchèque
2015
A.N.T.H.R.O.P.O.C.E.N.E, Meessen De Clercq, Bruxelles, Belgique
Dévider le réel, FRAC Midi-Pyrénées, Les Abattoirs, Toulouse, France
Remember Lidice, Block Edition – Berlin, Allemagne
Presque la même chose, Kunsthalle, Mulhouse, France
2014
Matérialisme hystérique, Galerie Jérôme Poggi, Paris, France
Interprète, Le Plateau - FRAC Île-de-France, Paris, France
Saint Jérôme, Meessen De Clercq, Bruxelles, Belgique
Par les temps qui courent, LiFE, Saint-Nazaire, France
2013
The Unanswered Question, TANAS / n.b.k., Berlin, Allemagne
Vehbi Koç Foundation, Istanbul, Turquie
2012
L'Homme de Vitruve, Le Crédac, Ivry-sur-Seine, France
Twentieth to twentieth, End of Century Gallery, New York, États-Unis
Particles, Meessen De Clercq, Bruxelles, Belgique
2011
Soudain déjà, Palais des Beaux-Arts de Paris, Paris, France
Au grenier quatre pièces de mémoire, Musée Départemental d'Art Contemporain - Rochechouart, France
2010
All Over, Galerie Martine Aboucaya, Paris, France
Le Carillon de Big Ben, Le Crédac, Ivry-sur-Seine, France
2009
Là où je suis n'existe pas, Le Printemps de Septembre, Toulouse, France
Memory of void, Kimusa / Artsonje Center, Séoul, Corée du Sud
Phase Zéro, Galerie Serge Aboukrat, Paris, France
2007
Expérience Insulaires, Le Crédac, Ivry-sur-Seine, France
Tolerate me, Galerie DAP, Warszawa, Pologne
Galerie Hengevoss-Durkop, Hamburg, Allemagne

COMMISSARIAT D'EXPOSITION ET DIRECTION ARTISTIQUE / SHOWS COMMISSION AND ART DIRECTION

2014
Duras Song, MNAM, Centre Pompidou - Bpi, Paris, France
2006
Hradacany, La Générale, Paris, France

COLLECTIONS PUBLIQUES ET PRIVÉES / PUBLIC AND PRIVATE COLLECTIONS (sélection / selection)

MNAM, Centre Pompidou Paris, France
Fondation Kadist, France, États-Unis
MAC/VAL, Vitry, France
Collection Agnès Rein, Paris, France
Lidice Museum, Lidice, République Tchèque
Collection Josée and Marc Gensollen, Marseille, France
Dhondt Dhaenens Museum, Gand, Belgique
Collection Thibault Poutrel, Paris, France
Iris and Matthew Strauss collection, San Diego, États-Unis
Vehbi Koç Foundation, Istanbul, Turquie
Pierluigi and Natalina Remotti Foundation, Camogli, Italie
Sanders Collection, Amsterdam
Frac Île-de-France, France
Frac Midi-Pyrénées, France
Musée départemental d'Art contemporain, Rochechouart, France
Fonds municipal d'art contemporain de la Ville de Paris

PUBLICATIONS ET CONTRIBUTIONS / PUBLICATIONS AND CONTRIBUTIONS (sélection / selection)

Tié menteur, Les Éditions P, Paris, France, 2018
La part de l'œil, Bruxelles, Belgique, 2018
Marguerite Duras and visual arts, Peter Lang Editions, Sydney, 2016
La Rouge, Lendroit Éditions et Université de Rennes, 2015
D'Emboutir à Lire, Initiales - n° 3 MD, Lyon, France, 2015
Au plus profond du Noir, une traduction subjective du récit de Joseph Conrad *Heart of Darkness*, 2013
Nos lumières, une monographie, Meessen De Clercq Edition, 2013
24 pages, Manuel Burgener Édition, 2013
Là où je suis n'existe pas, Le Printemps de Septembre, 2010

MARIE VOIGNIER

Née en 1974 à Ris Orangis, France
Vit et travaille à Paris.
Born in 1974, Ris Orangis, France
Lives and works in Paris.

Représentée par / represented by :
Marcelle Alix, Paris

EXPOSITIONS PERSONNELLES OU EN DUO / SOLO AND DUO EXHIBITIONS (sélection / selection)

2018
International Tourism, Staging Real Life, Beirut Art Center, Liban
ARGOS centre for art and media, Bruxelles, Belgique (with B. Michels)
2017
Vert monument, Marcelle Alix, Paris, France
Contre-Danger (with V. Salpistis), Les moulins de Paillard, Poncé sur le Loir, France
2016
L'Effet de Réel (with F. Ballandras), Le 19, Centre régional d'art contemporain, Montbéliard, France
2014
Ena Ena, Kappatos Gallery, Art Professionals in Athens Residency, Athènes, Grèce
2013
Les chasseurs, Marcelle Alix, Paris, France
2011
L'hypothèse du Mokélé-Mbembé, Espace Croisé, Roubaix, France
Hearing the Shape of a Drum, Nassauischer Kunstverein Wiesbaden, Wiesbaden, Allemagne
2010
Effigies, Marcelle Alix, Paris, France
Iceman, art 3, Valence, France
2009
Hinterland, CAC Brétigny, Brétigny, France

EXPOSITIONS COLLECTIVES ET FESTIVALS DE FILM / GROUP EXHIBITIONS AND FILM FESTIVALS (sélection / selection)

2018
100 Ways of Thinking, Kunsthalle Zurich, Suisse
Vous me rappelez quelqu'un, FRAC Lorraine, Metz, France
Entends-tu ce que je vois? Do You See What I Hear? Dazibao, Montréal, Canada
Ells i Nosaltres/Us and them, Es Baluard Museu d'Art Modern i Contemporani de Palma, Palma, Espagne
Cuando el sol emana más energía de lo que nuestros ojos pueden absorber (Glaring Sights), PAC, Mexico, Mexique
2017
Viva Arte Viva, 57e Biennale di Venezia, Venise, Italie
67e Berlinale, Forum, Berlin, Allemagne
Viennale, Vienna International Film Festival, Vienne, Autriche
FID - International Film Festival, Marseille, France
First Look, Museum of the Moving Image, New York, États-Unis
Humains, après tout, Musée d'Angoulême (FRAC Poitou-Charentes), Angoulême, France
« HL2805xy57 », Kappatos Gallery, Athènes, Grèce
Palais Potemkine, National Gallery / The Palace, Sofia, Bulgarie
Wie werden wir uns wiedererkennen, Künstlerhaus Brême, Bremen, Allemagne
The Opposing Shore, CCI Fabrika, Moscow, Russie
2016
18e Prix de la Fondation d'entreprise Ricard, Fondation d'entreprise Ricard, Paris, France
UNE HISTOIRE, Art, architecture, design des années 80 à nos jours, Haus der Kunst, Munich, Allemagne
Economie de la tension, Parc Saint-Léger, Pougues-les-Eaux, France
2015
Les mondes inversés, BPS22, Charleroi, Belgique
UNE HISTOIRE, Art, architecture, design des années 80 à nos jours, MNAM–Centre Pompidou, Paris, France
North Korean Perspectives, Museum of Contemporary Photography, Chicago, États-Unis
Or il fut un temps passé où le futur était présent, Musée d'art et d'histoire de Saint-Denis, Saint-Denis, France
Continental Drift, ICA, Londres ; Tramway, Glasgow ; Cornerhouse, Manchester ; MK Gallery, Milton Keynes ; Turner Contemporary, Margate, Royaume-Uni
2014
L'Intruse, Marcelle Alix, Paris, France
«10 », Kappatos Gallery, Athènes, Grèce
Marie Voignier / Olaf Breuning / Christoph Keller - os trópicos, Centro Cultural CAIXA São Paulo, São Paulo, Brésil
The player, FRAC Poitou-Charentes, Angoulême, France
Soleil politique, Museion Bolzano, Bolzano, Italie
FID, International Film Festival, Marseille, France
Viennale, Vienna International Film Festival, Vienne, Autriche
UNDERDOX, Document und Experiment, Munich, Allemagne
Festival du film de Vendôme, Vendôme, FR
2013
Apartés, Musée d'art moderne de la Ville de Paris, Paris, France
Sous l'Amazone coule un fleuve, FRAC Auvergne, Clermont-Ferrand, France
Le péril vert, Zoo galerie, Nantes, France
Andrew? La Galerie, Noisy-le-Sec, France
12e Nuit blanche, Paris, France
2012
La Triennale, Palais de Tokyo, Paris, France
Les ateliers de Rennes, Biennale d'art contemporain, Rennes, France
Prospectif Cinéma, Centre Pompidou, Paris, France
IFFR, International Film Festival, Rotterdam, Pays-Bas
Hors Pistes, MNAM–Centre Pompidou, Paris, France
Discovery zone, MUDAM, Luxembourg, Luxembourg
Fantasia film festival, Canada, Canada
2011
Nel Palazzo di cristallo , CA'ASI, Venise, Italie
LOOP Art Fair, Barcelone, Espagne
Chinagirl, Cortex Athlético, Bordeaux, France
29 reasons why we still need Superman, UCCA, Pékin, Chine
Déjouer l'espace, Transpalette, Bourges, France
2010
6e Berlin Biennale for Contemporary Art, Berlin, Allemagne
Spatial City: An Architecture of Idealism , Institute of Visual Arts, Milwaukee, États-Unis
...and if I listen in I hear my own heart beating... CAKE Contemporary, Kildare, Irlande
4e Young Artists Biennial, Bucarest, Roumanie

COLLECTIONS PUBLIQUES / PUBLIC COLLECTIONS (sélections / selection)

Fmac, Paris France
Fmac, Paris, France
Frac Alsace, Sélestat, France
Frac Auvergne, Clermont-Ferrand, France
Frac Île-de-France, Paris, France
Frac Poitou-Charentes, Angoulême, France
Frac PACA, Marseille, France
MAMVP, Paris, France
MAC's, Hornu, Belgique

MONOGRAPHIES & PUBLICATIONS D'ARTISTE / MONOGRAPHS AND ARTIST'S PUBLICATIONS

La Piste rouge. Colonisation, travail forcé et sorcellerie dans le sud-est camerounais, Marie Voignier, préface de Catherine Coquery-Vidrovitch, éditions B42, 2017.
9'25''00, textes de Guillaume Désanges, Dork Zabunyan, éditions Adera, 2012.
Marie Voignier, éditions Espace Croisé, Roubaix, 2011.

Remerciements/*Acknowledgements*

L'ADIAF adresse ses profonds remerciements au Centre Pompidou, en particulier à Serge Lasvignes, son Président, et à Bernard Blistène, Directeur de Musée national d'art moderne/centre de création industrielle, pour le soutien qu'ils apportent au Prix Marcel Duchamp depuis sa création en 2000 et pour le nouvel élan donné depuis 2016.
The ADIAF would like to thank the Centre Pompidou, and notably Serge Lasvignes, Chairman, Director & CEO, and Bernard Blistène, the Director of the National Museum of Modern Art, for the support they provide to the Marcel Duchamp Prize since its launch in 2000 and the new momentum given since the 2016 edition.

L'ADIAF remercie les directions du Centre Pompidou engagées autour du prix avec leurs équipes :
The ADIAF would like to thank the Managers of the Centre Pompidou and their teams involved in the prize:

Exposition/*Exhibition*
Marcella Lista, conservatrice en chef, service Nouveaux Médias/*Head Curator, New Media Department.*
Alexandra Delage, attachée de conservation, service Nouveaux Médias/*Assistant Curator, New Media Department.*
Julie Champion, attachée de conservation, service Nouveaux Médias/*Assistant Curator, New Media Department.*

Direction de la production/*Production Department*
Stéphane Guerreiro, Directeur/*Director* ; Anne Poperen, directrice adjointe de la production/*Deputy Director* ; Yvon Figueras, chef du service des expositions/*Head of Exhibitions Management* ; Sandrine Beaujard-Vallet, cheffe du service de la régie des œuvres/*Head of the Registrar Unit* ; Gaëlle Seltzer, cheffe du service architecture et muséographie/*Head of the Architecture and Museography Unit* ; Gilles Carle, chef du service des Ateliers et Moyens techniques/*Head of Workshops and Technical Services* ; Sylvain Wolff, chef du service de la production audiovisuelle/*Head of the Audio Visual Production* ; Véronique Labelle, chargée de production/*Project Manager* ; Caroline Camus, régisseuse d'œuvres/*Registrar* ; Camille Excoffon, architecte-scénographe/*Architect-Scenographer* ; Laurent Melloul, régisseur technique/*Technical manager* ; Thierry Kouache, éclairagiste/*lighting designer* ; Alexandre Lebugle, responsable technique audiovisuel/*Audio-Visual Manager* ; Philippe Migeat, photographe/*Photographer* ; Celia Crétien, cheffe de projet médiation écrite et orale/*(Written and Oral) Mediation Project Manager* ; Œil de Lynx, signalétique de l'exposition/*Exhibition signage* ; Delphine Marie Grosset, graphiste/*Graphic Designer.*

Direction de la communication et des partenariats/*Communication and Partneships Department*
Benoît Parayre, directeur/ *Executive Director*
Lydia Poitevin, cheffe du service des relations publiques/*Head of Public Relations*
Dorothée Mireux, attachée de presse/*Press Attaché*
Christian Beneyton, Pôle image/*Image Unit*

Exposition/*Exhibition*
L'ADIAF tient à remercier ses membres et ses fidèles mécènes dont la générosité permet au Prix Marcel Duchamp de se déployer au fil des années :
The ADIAF would like to thank it members and its faithful patrons whose generosity has allowed the Marcel Duchamp Prize to develop to such a great extent over the years:
Adagp, Artcurial, Icart, Inlex Ip Expertise, Société Générale, Comité professionnel des Galeries d'art, Fondation d'entreprise Hermès, The Art Newspaper, France

Merci aux partenaires du prix qui prennent une part active à son organisation :
A special thank to our partners for their role in the prize's organization:
CreativTv, Horizon Bleu, Silvana Editoriale

Enfin, l'ADIAF remercie le Ministère de la Culture qui apporte son soutien précieux à la réalisation du catalogue du prix Marcel Duchamp.
Finally, ADIAF would like to thank the Ministry for Culture, which provides valuable support for the realization of the Marcel Duchamp Prize catalog.

L'ADIAF remercie infiniment les artistes, leurs galeries, leurs équipes et leurs partenaires qui ont participé à l'exposition du Prix Marcel Duchamp 2018 :
The ADIAF wishes to give a warm thank-you to the artist, their galleries, their teams and partners who have played their part in the 2018 Marcel Duchamp Prize exhibition:

MOHAMED BOUROUISSA
Galerie kamel mennour, Paris/London, Blum & Poe, Los Angeles/New York/Tokyo

Avec le soutien de/*supported by* :
Liverpool Biennial, FACT

CLEMENT COGITORE
Galerie Eva Hober, Paris, Galerie Reinhard Hauff, Stuttgart

Avec le soutien de/*supported by* :
Noirmontartproduction, Kazak Productions, ARTE, CNAP – Image Mouvement, Henri Ellan & Associés

THU-VAN TRAN
Galerie Meessen De Clercq, Bruxelles

MARIE VOIGNIER
Marcelle Alix, Paris, et Les Films du Bilboquet

Avec le soutien de/*supported by* :
Fondation nationale des Arts graphiques et plastiques [FNAGP], Centre national du Cinéma et de l'Image animée [CNC], Noirmontartproduction

Catalogue/*Catalog*
Cet ouvrage a été réalisé à l'occasion de l'exposition du Prix Marcel Duchamp 2018 au Centre Pompidou [Galerie 4] du 10 octobre au 31 décembre 2018.
This catalogue has been published for the 2018 Marcel Duchamp Prize exhibition hosted by the Centre Pompidou in Galerie 4, from the 10 of October to the 31th of December 2018.

Coordination pour l'ADIAF/*Coordination for ADIAF* : Caroline CRABBE
Auteurs/*Authors* : Katerina GREGOS, Géraldine GOURBE, Carlos BASUALDO, Jean-Charles VERGNE
Documentation/*Documentation* : Victoria LE GUERN

Nous remerçions chaleureusement les artistes et leurs rapporteurs, les galeries et leurs équipes pour leur contribution à la réalisation de cet ouvrage et tout particulièrement :
We would like to give a big thank-you to all the artists, reporters, galleries and their staff for their contribution to the making of this catalogue, and particularly:

Mohamed Bourouissa et Betty Christophe, Carlos Basualdo [rapporteur/*reporter*] ; Kamel Mennour Jessy Mansuy-Leydier, Lorenza Brandodoro, Emma-Charlotte Gobry-Laurencin et toute l'équipe de la galerie/*and all the staff of the gallery* [kamel mennour, Paris/London].

Clément Cogitore, Jean-Charles Vergne [rapporteur/*reporter*], Eva Hober et/*and* Stéphanie Boubli [Galerie Eva Hober, Paris].

Thu-Van Tran, Katerina Gregos [rapporteur/*reporter*] ; Jan De Clercq, Olivier Meessen et/*and* Isa Deslypere [Galerie Meessen De Clercq, Bruxelles].

Marie Voignier, Géraldine Gourbe [rapporteur/*reporter*], Isabelle Alfonsi, Cécilia Becanovic, Barbara Quintin [Marcelle Alix, Paris].

Partenaires / *Partners*

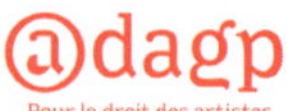

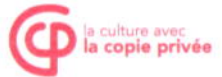

Fondée par des artistes, l'ADAGP est la première des sociétés d'auteurs des arts visuels au monde. Elle représente 170 000 auteurs de tous les pays, dans toutes les disciplines des arts visuels : peinture, sculpture, photographie, design, bande dessinée, illustrateurs jeunesse, graffiti, art vidéo, art numérique, architecture...
Au cœur d'un réseau international de 50 sociétés sœurs, l'ADAGP perçoit et répartit les droits des artistes, les protège et se bat pour l'amélioration du droit d'auteur.
Soucieuse de placer la création au cœur du monde, l'ADAGP encourage la scène créative en initiant et/ou en soutenant financièrement des projets propres à valoriser les arts visuels et à en assurer la promotion à l'échelle nationale et internationale.
Founded by artists, the ADAGP it is the first society for authors in the visual arts worldwide. It represents 170 000 authors worldwide in every field of the visual arts: painting, sculpture, photography, design, comic strips, street art, video art, digital art and architecture... At the core of an international network of 50 sister societies, the ADAGP receives and distributes artists' royalties, protects them and fights for the improvement in royalty payments. Today,. Mindful of placing creation at the centre of world interest, the ADAGP encourages the creative scene by initiating and/or financially supporting projects that highlight the visual arts and ensure their promotion on a national and international scale.

www.adagp.fr

ICART

L'école du management
de la culture et du marché de l'art

L'ICART, l'École du Management de la Culture et du Marché de l'Art, est fière d'être le partenaire « Éducation & Formation » de l'ADIAF. Pleinement connectés à la création et aux artistes contemporains, l'ICART et ses étudiants sont présents à toutes les étapes de l'élaboration du Prix Marcel Duchamp, ainsi qu'au cœur de la vie culturelle de l'ADIAF avec plus de 60 visites d'ateliers et de musées tout au long de l'année. Une opportunité unique pour les étudiants de l'ICART de participer au programme d'animations de l'ADIAF, découvrir l'univers des collectionneurs et soutenir la création française.
ICART, the leading school in Cultural and Art Management, is proud to partner the ADIAF's "Education and Training" initiative. In touch with contemporary creation and artists, ICART and its students are involved in each stage of preparation for the Marcel Duchamp Prize and are at the centre of the ADIAF's cultural agenda with more than 60 studio and museum visits throughout the year. A unique opportunity for the students at ICART to take part in the ADIAF's events program, to discover the world of collecting and, support French artistic creation.

www.icart.fr

ARTCURIAL

La maison de ventes aux enchères ARTCURIAL est heureuse de soutenir l'ADIAF et son action en faveur du rayonnement de l'art contemporain à travers le Prix Marcel Duchamp qui encourage la visibilité de la jeune création française sur la scène internationale.
The auction house ARTCURIAL is happy to support the ADIAF and its promotion of French contemporary art, notably through the Marcel Duchamp Prize, intended to raise the profile of young French artists on the international stage.

www.artcurial.com

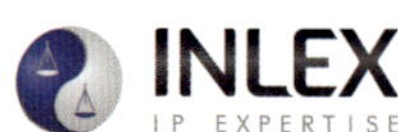

Parce que le talent doit être particulièrement encouragé quand il est créatif, original, et nouveau... Inlex IP Expertise, cabinet de Conseil en Propriété Intellectuelle et son équipe d'experts en valorisation d'actifs immatériels, a souhaité promouvoir l'art contemporain en s'associant à l'ADIAF pour la remise du Prix Marcel Duchamp.
Because talent must be encouraged especially when it is creative, original and new... Inlex IP Expertise a law firm specialized in intellectual property as well as its assets valuation team, has joined the ADIAF in promoting contemporary art with its support for the Marcel Duchamp Prize.

www.inlex.com

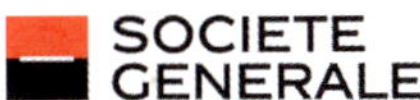

Sociéte Générale est l'un des premiers groupes européens de services financiers, impliqué depuis de nombreuses années dans les domaines de l'art moderne et contemporain. Sa collection, initiée en 1995, constitue aujourd'hui un ensemble de plus de 1 200 œuvres, peintures, sculptures, photographies, estampes et lithographies d'artistes français et internationaux, exposées principalement sur les sites de La Défense et de Val de Fontenay. Le groupe Société Générale est particulièrement heureux de participer au rayonnement de la scène artistique française en soutenant l'ADIAF et le Prix Marcel Duchamp.

Sociéte Générale is a one of the leading European financial services groups and has been committed to supporting modern and contemporary art for over 20 years. Launched in 1995, the Bank's Collection comprises over 1,200 artworks, including paintings, sculptures, photographs, drawings and prints by French and international artists and is primarily exhibited at the Group's headquarters in La Défense and Val de Fontenay, near Paris. Société Générale is delighted to support ADIAF and the Marcel Duchamp Prize, and to contribute to the visibility of France's contemporary art scene.

www.societegenerale.com

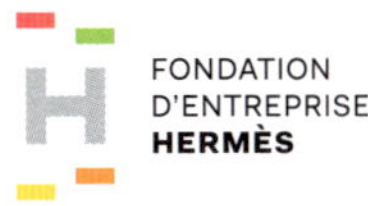

La Fondation d'entreprise Hermès accompagne celles et ceux qui apprennent, maîtrisent, transmettent et explorent les gestes créateurs pour construire le monde d'aujourd'hui et inventer celui de demain. Elle développe neuf grands programmes qui articulent savoir-faire, création et transmission. Toutes les actions de la Fondation d'entreprise Hermès, dans leur diversité, sont dictées par une seule et même conviction : Nos gestes nous créent.

The Fondation d'entreprise Hermès supports people and organizations seeking to learn, perfect, transmit and celebrate the skills and creativity that shape and inspire our lives today, and into the future. The Foundation operates nine major programmes with a combined focus on skills, creativity and transmission. The Foundation's unique mix of programs and support is rooted in one single, underlying belief: Our gestures define us.

www.fondationdentreprisehermes.org

CPGA

COMITÉ PROFESSIONNEL DES GALERIES D'ART

Interlocuteur privilégié des acteurs publics et privés du marché de l'art, le Comité Professionnel des Galeries d'Art représente les galeries et défend leurs intérêts depuis 1947. Son partenariat avec le Prix Marcel Duchamp témoigne du lien indissociable entre les artistes, les collectionneurs et les galeries animées par la volonté de promouvoir la scène artistique française.

Engaged in dialogue with key players in the private and public art sector, the Comité Professionnel des Galeries d'Art has represented galleries and defended their interests since 1947. Its partnership with the Marcel Duchamp Prize testifies to the enduring bond between artists, collectors and gallerists in their mutual desire to promote French art.

www.comitedesgaleriesdart.com

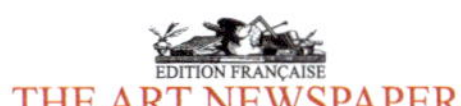

Déjà présent au Royaume-Uni, aux États-Unis, en Russie, en Italie, en Grèce et en Chine, The Art Newspaper s'est implanté en France en 2018. Le groupe, référence mondiale de la presse artistique, publie en français *The Art Newspaper Daily*, qui offre chaque jour en format numérique toute l'actualité brûlante de l'art grâce à un réseau unique de correspondants à travers le monde. Le mensuel *The Art Newspaper Edition française*, disponible en kiosque, décrypte l'art international grâce à des analyses, enquêtes, portraits, en prenant le temps de la réflexion.

Adding to its editorial offices in the United Kingdom, United States, Russia, Italy, Greece and China, The Art Newspaper, leading publication and world reference in artistic press, launched a French edition in 2018: The Art Newspaper Daily *offers on a daily basis, in digital format, all the latest news of the art world fed by its unique network of international correspondents; The monthly edition in print,* The Art Newspaper Edition Française, *features in-depth articles, investigations and reviews, to provide an unparalleled overview of the international art scene.*

https://daily.artnewspaper.fr

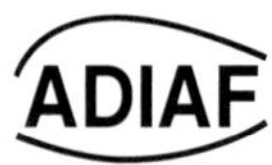

L'ADIAF en bref - www.adiaf.com

Présidée par Gilles Fuchs, l'Association pour la diffusion internationale de l'art français - ADIAF - regroupe 400 collectionneurs d'art contemporain français engagés intensément dans l'aventure de la création. Soutenue par des entreprises mécènes, l'ADIAF s'est donnée comme mission de mettre en lumière le foisonnement créatif de la scène française de ce début du XXIème siècle et de contribuer à son rayonnement international.

Créé en 2000 par l'ADIAF et organisé dès l'origine en partenariat avec le Centre Pompidou, le prix Marcel Duchamp entend rassembler les artistes les plus novateurs et confronter toutes les formes artistiques. Il distingue chaque année un lauréat parmi quatre artistes français ou résidant en France travaillant dans le domaine des arts plastiques et visuels. : installation, vidéo, peinture, photographie, sculpture ...

Les quatre artistes nommés pour chaque édition sont choisis par un comité de collectionneurs de l'ADIAF, acteurs passionnés du monde de l'art, qui confèrent à ce prix sa singularité. La « sélection d'artistes » est ensuite soumise à un jury international réunissant des experts dont les avis font autorité dans le monde de l'art contemporain - conservateurs de grandes institutions, collectionneurs français et étrangers – chargé de choisir le lauréat à qui l'ADIAF offre une dotation financière de 35 000 €.Comité de sélection et jury sont renouvelés chaque année

Ce prix de collectionneurs qui a distingué plus de 70 artistes a connu un nouvel élan en 2016. Après avoir invité chaque année le lauréat pendant quinze ans, le Centre Pompidou ouvre désormais ses portes aux quatre artistes nommés qui bénéficient ainsi d'une vitrine exceptionnelle au sein d'une des plus grandes institutions muséales au monde.

Au fil des années, le prix Marcel Duchamp s'est imposé comme l'un des plus pertinents vecteurs d'information sur l'art contemporain en France. Ambassadeur de la scène hexagonale, il a acquis une notoriété et un prestige qui le placent parmi les grands prix nationaux de référence pour la scène internationale.

La cinquantaine d'expositions organisées à ce jour par l'ADIAF à travers le monde autour des artistes du prix Marcel Duchamp apportent un éclairage précieux sur le dynamisme actuel de l'art contemporain en France. Elles ont permis de nouer des partenariats stimulants avec de nombreux musées français et étrangers et donné lieu à des catalogues qui contribuent au rayonnement international de la scène française

Lauréats du Prix Marcel Duchamp / *Winners of the Marcel Duchamp Prize*

Thomas Hirschhorn (2000), Dominique Gonzalez-Foerster (2002), Mathieu Mercier (2003), Carole Benzaken (2004), Claude Closky (2005), Philippe Mayaux (2006), Tatiana Trouvé (2007), Laurent Grasso (2008), Saâdane Afif (2009), Cyprien Gaillard (2010), Mircea Cantor (2011), Daniel Dewar & Grégory Gicquel (2012), Latifa Echakhch (2013), Julien Prévieux (2014), Melik Ohanian (2015), Kader Attia (2016), Joana Hadjithomas & Khalil Joreige (2017).

ADIAF in brief - www.adiaf.com

Presided over by Gilles Fuchs, the ADIAF (Association for the International diffusion of French Art) groups together 400 collectors of French contemporary art all firmly committed to the adventure of creation. Sponsored by art patron-businesses, the ADIAF has set itself the task of spotlighting the creative energy of the French scene at the beginning of the 21st century and helping to raise its international profile.

Created in 2000 by the ADIAF and organized from the start outset in partnership with the Centre Pompidou, the Marcel Duchamp Prize intends to bring together the most innovative artists and confront all of the artistic forms. Each year, it honours one winner from among four French artists or artists residing in France working in the field of the plastic and visual arts: installation, video, painting, photography, sculpture …

The four artists nominated for each edition are chosen by the ADIAF's collectors' committee, passionate actors in the art world, which is what gives this prize its own unique character.

The "selection of artists" is then submitted to an international jury uniting a group of experts considered to be leading authorities in the contemporary art world: curators of major institutions, French and foreign collectors – tasked with choosing the winner to whom the ADIAF offers a financial endowment of 35 000 . The selection committee and jury are renewed each year.

This collector's prize which has honoured more than 70 artists is enjoying new momentum in 2016. After having hosted the winner every year for the past 15 years, the Centre Pompidou opens now its doors to the four nominated artists who will be benefitting from an exceptional showcase in one of the world's greatest museums.

Over the years, the Marcel Duchamp prize has established itself as one of the most relevant information vectors of contemporary art in France. Ambassador of the French contemporary art, it has acquired a reputation and prestige placing it among the top national benchmark awards on the international scene.

The fifty or so exhibitions organized to date by the ADIAF around the artists from the Marcel Duchamp Prize throws precious light on the current creative energy of contemporary art in France. It has made it possible to develop stimulating partnerships with numerous French and foreign museums and produce catalogues that all go to help raise the international profile of the French scene.

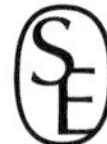

Silvana Editoriale

Direction éditoriale/Direction
Dario Cimorelli

Directeur artistique/Art Director
Giacomo Merli

Rédaction/Copy Editors
Chiara Golasseni
Lorena Ansani

Traductions/*Translations* :
Contextus srl, Pavia (Sandrine Merle, Lisa Richardson)

Mise en page/Layout
Mirco Ameglio

Organisation/Production Coordinator
Antonio MIcelli

Secrétaire de rédaction/Editorial Assistant
Ondina Granato

Iconographie/Photo Editor
Alessandra Olivari, Silvia Sala

Bureau de presse/Press Office
Lidia Masolini, press@silvanaeditoriale.it

ISBN 9788836638741
Dépôt légal : octobre 2018

Silvana Editoriale S.p.A.
via dei Lavoratori, 78
20092 Cinisello Balsamo, Milano
tél. + 39 02 45 39 51 01 - fax + 39 02 45 39 51 51
www.silvanaeditoriale.it

Les reproductions, l'impression
et la reliure ont été réalisées en Italie
Reproduction, binding and printing realised in Italy

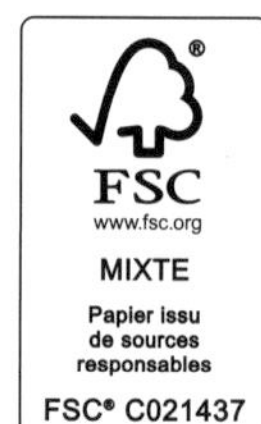